貶值的籌碼

歐盟對中國武器禁運

梁正綱　著

推薦序（一）

　　作者梁正綱上校是我在淡江大學國際關係與戰略研究所的指導學生，派駐海外擔任武官多年，執行軍事外交等實務工作。本人即曾在前往歐洲參與學術會議之途，與作者會面；之後也經由作者安排，有機會與幾位智庫研究員共同討論，使關心亞太安全情勢的歐洲學者能更清楚了解台灣觀點。

　　梁上校在課堂上參與討論熱烈積極，展現出對戰略及安全濃厚的研究興趣，所提見解每有獨到之處，令人印象深刻。從他的報告以及在其他軍事期刊上發表的文章，不難發現作者觀察敏銳、思路清晰、論證客觀、邏輯嚴謹，下筆行文亦符合本人提倡推動的「簡明風」。

　　這本《貶值的籌碼：歐盟對中國武器禁運》一書的寫作耗時近4年，除了資料蒐集豐富外，更難得的是能夠訪談到多位實際從事武器禁運的歐盟官員，尤具參考價值。

　　「歐盟對中國武器禁運」乍看之下，似乎只是歐盟與中國間的雙邊議題。但從本書中，經作者抽絲剝繭，可以看出背後有美國與中國兩強的優勢消長。時序至 2011 年，權衡現實，美國有求於北京的情況，愈來愈多。隨著美國對外對內的問題日漸嚴重，北京慢慢在中美關係上掌握了主導權。中美雙方基於共同利益，未來的合作關係還是大於矛盾。是否如梁上校所預言，「歐盟對中國武器禁運」這個「矛盾」在時機成熟後，很快就能為「合作」所取代而解除，讓我們拭目以待。

　　台灣學者在看待戰略局勢時，經常不自覺採取美國觀點。本書大量引用歐洲資料，訪談歐洲學者及官員，從「歐盟對中國武器禁運」

此一「歐洲化」議題切入，內容旁徵博引，可讀性高。全書付梓值得慶賀，本人亦與有榮焉，謹此推荐，樂為之序。

淡江大學國際事務與戰略研究所／教授

林 中 斌

推薦序（二）

　　自從 1989 年天安門事件，歐盟對中國大陸實施的武器禁運政策已有二十餘年。此期間，鑒於中共在經貿與國際外交影響力之迅速崛起，歐盟對中武器禁運是否解除，乃成為利害相關國家時有角力的議題。

　　歐盟的武器禁運措施，固然對中共軍事現代化造成某種程度障礙，但其主要意義則為對中共政權價值體系上的不安與憂慮，以及對於「中國崛起」之福禍存有高度的質疑。而中共領導人與涉外部門不斷的運用各種力量，尋求武器解禁，更是著眼於國際政治的象徵意義，並且間接挑戰美國對歐盟的影響力。

　　歐盟是否解除對中武器禁運，經過二十餘年的演變，已經從單純的表達對北京以武力處理內部事務不滿的政策態度，逐漸演變成美中、歐中、美歐以及兩岸等多組雙邊與多邊互動的錯綜複雜議題。其發展的歷程、折衝的經過、國際政經環境的演變、以及強權實力的消長，不斷成為國際關係學界持續探討的課題。

　　對於我國而言，歐盟解除對中武器禁運，小則有可能催化中共軍事現代化的進程，惡化兩岸軍力失衡的情況；大則有機會挑動美國、歐盟、中國的對局角力的戰略態勢；更有可能引發美國軍事工業集團，為求利益而遊說政府，重演一九八〇年代初期，美國同時對海峽兩岸軍售的可能性，牽動之廣，實不可不察。

　　作者海軍上校梁正綱允文允武，能在繁忙軍職任務之餘，戮力鑽研學問，涉獵此重要課題，嘗試從歐盟角度進行研究並付梓成書，難能可貴。深盼此佳作，能夠激勵國人放眼全球，登高望遠，故樂為之序。

淡江大學國際事務與戰略研究所／專任助理教授

推薦序（三）

　　我國與歐洲的軍事交流，較為人知者是曾向歐洲國家購買潛艦、巡防艦及戰機。這些武器裝備至今仍是國軍主戰兵力，擔負著捍衛臺澎金馬，第一線安全的重任。與歐洲國家或地區的互動，除了軍備採購上存在淵源，在安全戰略等層面的合作及研究，則或因地緣距離限制，長期以來較未受到重視。

　　《貶值的籌碼：歐盟對中國武器禁運》一書，從「歐盟對中國武器禁運」切入，分析「中國崛起」後，各強權在歐洲地區的角力，開啟另一扇觀察研究之窗。既是一部能與國際接軌、建立國防決策參考的鉅著，更是值得推薦給國軍將校，擴展視野、放大格局的佳作。

　　國防大學的願景正在於建構哲學、科學、兵學一體的教育環境，並成為能與國際接軌的一流軍事學府；宗旨則在培育武德、武藝兼備之建軍備戰領導及專業人才、建立國防事務決策及研究機制與能量。

　　本書作者梁正綱，是我中華民國優秀之現階海軍上校，奉派擔任駐外武官多年，嫻熟國際事務。本人因曾受邀參與國際會議，也有機會與梁上校共事合作。當時對梁上校在工作上展現的高度熱忱、勞瘁不辭、建立起的充沛人脈、事前完善的計畫、執行時的果斷縝密，印象深刻。

　　梁上校亦為本校傑出校友，畢業於海軍學院、完成指揮參謀教育，且曾獲薦選接受本校專司師資培訓的研究班。渠於學術研究上的執著與認真、不斷進取，受長官器重。欣聞梁上校將結合其戰略研究所學，以及實務工作所見，付梓新書，本人樂於為文推薦，亦感與有榮焉。

國防大學校長／海軍上將
陳永康

自序

　　「歐盟對中國武器禁運」議題迄今仍是進行式。2011 年 6 月，正在德國進行官式訪問的中國總理溫家寶再呼籲：「希望歐方（歐盟）能真正相信中國的發展對歐盟各國是機遇而不是挑戰，中方之所以要求軍售解禁和給予中國完全市場經濟地位，實質上是相互信任的問題，希望歐方早日做出正確的政治判斷」。因此，三不五時就會聽到新聞主播報導的「解除軍售禁令」，仍將是一項有價值的「籌碼」，而非無味的「雞肋」。

　　武禁議題吸引我的關注，要溯自 2007 年因公與歐洲國家前政府官員的晤談起始。此後，即特別留心蒐集相關資料，亦有幸遠赴歐洲國家任職，從不同角度進行觀察及探討。「歐盟對中國武器禁運」儘管與我國安全處境切身相關，但在研究之初，發現很難獲得太多可供參考、具系統的資料或文獻，特別在台灣本島「歐盟武禁」僅如一現即逝的火花，未獲太多注意；這似乎也說明台灣與歐盟在政治、外交上確實有某種程度的疏離。2011 年 1 月，國人獲得歐洲地區申根免簽證待遇，亦期盼歐盟與台灣在各層面的交流都能夠持續擴大及提昇。

　　本書要獻給恩師林中斌教授，沒有他的敦敦指導與不斷鼓勵，不會有這本書的問世。他的治學態度、言行風範，只能用「仰之彌高」堪與形容。

　　感謝黃介正教授、陳永康校長的專文推薦。黃教授迅速掌握事件關鍵的功力，最叫我佩服；陳校長則一直是我最敬仰、開明豁達而有遠見的長官，能獲得他們首肯作序，本書立即增加可觀的份量。

　　全書的完成，獲得許多貴人相助，感恩他們的付出。包括：前西歐聯盟秘書長 Dr. Willem Frederik van Eekelen 的指導；荷蘭國際關係學院 Dr. Frans Paul van der Putten 提供寶貴的建議及接受訪談；李曙光學長慨然交接人脈；劉金鵬兄的鼓勵；湯成、馬立德學長、黃引珊、

簡瑛蓁學姊在行政上的諸多協助；賀理民的校對；謝凱蒂的翻譯；李昱成的代勞文獻蒐集；梁業承的插畫；還有默默支持我的家人 Lucy、Luby 及 Anne。

　　本書謬誤之處，祈不吝指正。特別是歐盟「里斯本條約」生效後，許多規章、制度正快速變化中，有待持續觀察並據以修正。

梁正綱識於台北

11 Aug 2011

目　次

第一章

引言

"China is a sickly, sleeping giant. But when she awakes the world will tremble."

——Napoleon Bonaparte（拿破崙，1803 年）

　　歐盟彷若一個有機體，逾半個世紀以來，成員國數目由 1952 年初創「歐洲煤鋼共同體」6 國逐步擴展到 2010 年 27 國。歐盟在貿易、農業、金融等趨近於統一的聯邦國家，而在內政、國防、外交等則類似多國同盟。歐盟政治和經濟地位不斷加強，展望未來仍可能擴大，是國際社會不容忽視的重要參與者。

　　中國近年來在經濟、政治、軍事及科技等方面迅速增長，被視作新興崛起強權。**經濟**上，從開始改革開放的 1978 年到 2010 年，人均國內生產總值由 225 美元增長到 4283 美元[1]；**軍事**上，擁有核武，解放軍持續現代化且軍費連年增長，航空母艦的建造宣告邁向藍水海軍；**科技**上，2008 年 9 月「神舟七號」載人航天器任務成功，成為繼俄、美之後第 3 個有能力把人類送上太空並進行太空漫步的國家；**國際事務**上，中國是聯合國安理會常任理事國，扮演大國角色。

　　歐盟與中國的外交關係自 1975 年正式建立，30 多年來雙邊在政治、經濟、科技、文化等各領域強化發展，2003 年建立「戰略夥伴關係」，並於 2006 年獲得歐盟外長會議確認[2]。惟歐盟前於 1989 年因「天安門事件」，抗議中國政府殘暴、不尊重人權而實施的武器禁運，解除與否於 2003 年起形成爭議，國際社會喧騰一時。中國不斷聲稱該軍售禁令阻礙與歐盟正常關係之發展。迄 2010 年結束，歐盟對中武禁仍未能解除。

　　從「歐盟對中國武器禁運」此一仍持續發展中的議題，有哪些是值得我們關注、研究的呢？本書具體提出下列四項：

一、歐盟為一特殊之國際組織，會員國藉犧牲部分主權，發揮集體力量，在政治、經濟等層面，維護及爭取自身最大利益。歐盟的進程與發展是許多國際關係學者，特別是企圖賦予新「國際機制」、「國際組織」定義者最感興趣的實體。欲研究歐盟外交、安全等

---

[1] 依據國際貨幣基金組織 2010 年 10 月資料，中國 2010 年的 GDP（nominal）per capita 世界排名 95/182。

[2] BBC News,「歐盟提升對華關係為戰略夥伴」，**BBC**（12 Dec 2006），http://news.bbc.co.uk/chinese/trad/hi/newsid_6170000/newsid_6171000/6171039.stm, (28 Aug 2009)

重要決策過程、歐盟與中國此一崛起新興強權之間的互動模式、歐盟的中國戰略等主題，可自「歐盟對中國武器禁運」演變探求脈絡。

二、2003 年至 2005 年間，歐盟中包括德、法等主要大國「解除對中國武器禁運」倡議甚囂塵上，惟似乎即將水到渠成之議卻突遭冷凍，其間轉折耐人尋味。中國的信心滿滿、支持者的熱切期待轉瞬落空。關鍵因素為何？未來歐盟武器禁運政策之可能走向？本書從「歐盟對中國武器禁運」解除與否的正反意見、各方立場、影響事件等加以比較、探討。

三、「中國崛起」仍是方興未艾的重要課題。中國的國際地位、對國際事務的影響力持續升高，加以中國與歐盟之間關係相互依存不斷深化，為何仍在武器禁運上無法獲得突破？中國在歐洲人民心目中的形象如何？軟實力能不能發揮？中國的對歐政策？中歐「戰略夥伴關係」的實質內涵？

四、就台灣現階段國家安全來看，中國武力犯台仍為最大潛在威脅。尤其中國軍力擴展迅速，若再能挾龐大經濟實力作為後盾，獲取歐洲國家先進軍備及高新科技，台海軍力傾斜必將更形嚴重。台灣在「歐盟對中武器禁運」的過去與未來，扮演著什麼樣的角色？運用何種策略？成效何在？本書希能研提具體建議，使中華民國台灣政府未來再面對類似議題時，因應策進之參考。

影響歐盟及其成員國對中國武器禁運政策，實包含多個層面：從歐盟對中國整體的政治、外交、經濟政策，可延伸至人權、戰略、法律等。主要參與者除中國、歐盟外，自也應列入美國、台灣。本書內容雖略涉人權、經濟、法律，重點仍置於分析強權間政治、戰略，武禁執行層面的探討亦作著墨。

「歐盟對中武器禁運」起自 1989 年，期間國際情勢迭有變化。囿於「歐盟對中武器禁運」仍持續發展中，本書研究時間範圍設定於 1989 年至 2010 年，特別著重於解除武禁聲浪最高的 2003 年至 2005 年。

另外，「歐盟」一詞為「歐洲聯盟」（EU, European Union）之簡稱，係 1992 年《馬斯垂克條約》簽署後才正式定名。1989 年當時

宣告對中國實施武器禁運的主體實係「歐洲經濟共同體」（ECC, European Economic Community），惟鑑於歐盟起源可追溯自 1951 年《巴黎條約》建立的「歐洲煤鋼共同體」，本文所述「歐盟」廣義包含 1951 年起各階段前身，俾利前後一貫之說明。

戰略、安全事務常囿於機密限制，儘管資料查詢管道多元，但透明度卻受限。尤其武器軍備之交易，涉及政府權責及高科技範疇，資料取得不易。對外報導的公開文件，基於政治與情報等考量有較濃之宣傳色彩，或自圓其說、或宣傳推銷，有賴正確分析與判斷。作者藉赴歐工作，參與學術研討會、訪談戰略學者及實際負責執行「武器輸出」及「軍備管制」官員，將具價值之談話內容記錄參用。惟相關資料提供者因身分敏感，無法具名。

本書架構以回溯中歐關係、「對中武器禁運」演進為經，**縱向**以時間為序，先作背景說明；描述 1989 年天安門事件後的冷戰新世界、歐盟國家介入的全球戰爭、歐盟與中國關係發展，隨後分階段探討武禁演進，並以專章對解禁案前景作預判（**參考圖 1-1：縱向架構圖**）。

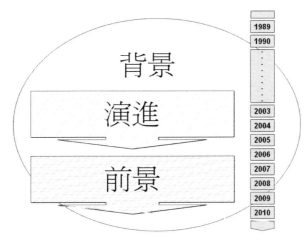

圖 1-1　縱向架構圖

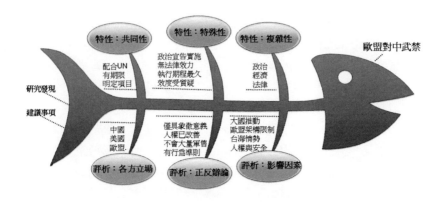

圖 1-2　橫向架構圖

　　另以武禁特性、正反意見，及 2003 至 2005 年前後可能取消武禁之諸般變化為緯，**橫向**分析各強權國家態度、戰略考量，就歐盟對中武器禁運之特性、評析進行研究（**參考圖 1-2：橫向架構圖**）。

　　全書內容依序分為七章，各章節概要如下：

第一章　**引言**：主要闡述全書撰寫動機、目的，作通盤介紹。

第二章　**背景**：冷戰後新世界戰略格局的變動、歐盟與中國相互的外交政策、歐盟對台海情勢的觀點、中國與歐洲關係發展的縱向敘述。

第三章　**演進**：將 1989 至 2010 年間，歐盟對中武禁發展劃分為 3 個階段，俾突顯各階段之特點。

第四章　**特性**：介紹武器禁運一般特性，以及歐盟對中武禁與眾不同之處、複雜難解原因。

第五章　**評析**：從各方立場、正反辯論及影響因素，深入評析歐盟對中國的武器禁運。

第六章　**前景**：分別自可能解禁與維持禁運的原因探討前景。

第七章　**結論**：從歐盟、中國－歐盟、美國－歐盟、中國－美國四個面向相互對照，提出研究發現及建議事項。

　　附錄加入兩份作者赴歐洲工作期間，與解禁案有關政府官員及智庫學者會談紀要。其一係綜合多次與歐盟成員國承辦武器禁運及軍備管制幾位官員之談話摘要；其二是與荷蘭智庫「國際關係學院」（Netherlands Institute of International Relations Clingendael）學者專就解禁案進行之會談紀錄。

第二章

背景：冷戰後新世界

發展才是硬道理。

——鄧小平（1992 年南巡）

　　歐盟是當今世界影響力舉足輕重的政經實體，正積極參與國際事務，致力扮演稱職的**全球角色（A Global Actor）**[1]。中國自 1978 年啟動改革開放後，國力迅速增長，「中國崛起」近年來廣受討論。包括歐盟在內的國際社會，正持續關注於如何看待、如何評估以及如何因應快速成長、不斷變化的中國。

　　日漸成熟的歐盟與新興崛起的中國，兩者之間關係發展是雙方戰略安全範疇中均極為重要的一環。惟當歐盟遇到中國專制不民主、人權紀錄不良等事實時，卻也經常陷入經濟貿易利益與民主人權價值相衝突之困境。長逾廿年（1989-2010）起伏跌宕的「歐盟對中武器禁運」，不啻可解讀作利害衝突及強權角力的縮影。

　　本章介紹中國與歐盟對彼此關係的政策指導及發展，提供 1989 年至 2010 年間，世界局勢變化與解除武禁的背景說明。

第一節　世界戰略格局的變動

　　1991 年蘇聯瓦解、冷戰結束，但國際紛爭並未因此而停止。中東地區以色列與巴勒斯坦間，自殺式襲擊及武裝衝突從未消失。繼 1991 年的「波灣戰爭」後，1999 年又發生「科索沃戰爭」。2001 年發生襲擊美國本土的九一一恐怖事件，美國以反恐為由，先後發動「阿富汗戰爭」（2001）及「伊拉克戰爭」（2003），歐洲國家也分別涉入，迄 2010 年美國及其歐洲盟友仍深陷阿富汗難以脫身。

　　歐盟在冷戰後逐次東擴，納入原為前蘇聯附庸的中、東歐國家。在一體化進程中，1992 年 2 月《馬斯垂克條約》（Maastricht Treaty）簽署，以經濟為主的共同市場（EEC, European Economic Community）轉型到功能更廣泛的政治實體，從而宣告歐盟的誕生，「共同外交暨安全政策」（CFSP, Common Foreign and Security Policy）成為歐盟結

---

[1] 歐盟理事會在 1997 年 7 月 16 日 *Agenda 2000-For a stronger and wider EU* 的報告中，擘畫了歐盟要成為全球領導角色（a leading global actor）的目標。具體作為包括：增加在世界政治的影響力、提倡和平、安全、民主、人權的價值、協助低開發國家、致力全球環境保護等。

構重要支柱之一。惟 2005 年《歐盟憲法條約》遭到法國和荷蘭全民公投否決而陷入僵局，形成歐盟制憲危機。2007 年 12 月 13 日，歐洲聯盟 27 國領袖簽署「簡化版歐盟憲法」的《里斯本條約》，並革新歐盟行政效率與決策模式。2009 年 11 月 13 日，捷克成為最後一個批准《里斯本條約》的歐盟國家。2009 年 12 月 1 日《里斯本條約》正式生效，使原先因憲法批准觸礁的歐盟整合進程再現生機。

圖 2-1-1　世界戰略格局的變動：全球

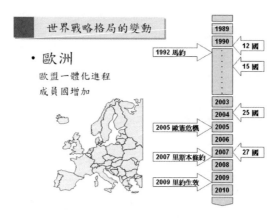

圖 2-1-2　世界戰略格局的變動：歐洲

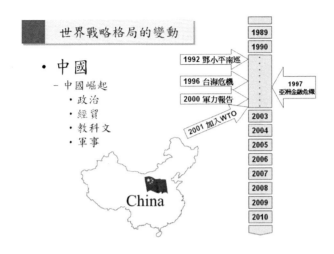

圖 2-1-3　世界戰略格局的變動：中國

　　中國則在「天安門事件」後重新穩固內部。1989 年 9 月 4 日，鄧小平在與中央領導人談話時提出「**韜光養晦**」的方針，包括：**冷靜觀察、穩住陣腳、沈著應付、善於守拙、決不當頭、有所作為**；核心思想就是準確認識混亂的國際形勢，集中力量於國內的經濟建設。1992 年初鄧小平南巡發表談話後，以經濟建設為中心的新一輪改革開放正式成為中國國家建設的重心，但走的是既要改革開放，又堅持社會主義的道路。1989 年至 2010 年間，中國政策基本主軸仍循鄧小平路線進行，在經濟、軍力及國際地位上快速發展。

　　蘇聯解體冷戰結束，使半個世紀以來的兩極對抗終結，世界格局急劇轉換，各種力量重新分化組合。對於世界趨勢的研判，中國的領導人認為經濟是走向整合及全球化，但政治卻應走向多極；中國與歐盟間蓬勃發展的貿易正是經濟全球化的一部分。

　　冷戰結束開啟的新時代中，中國與歐盟都期望能擴大參與國際事務，扮演更多的全球角色。

第二節　歐盟的中國／兩岸政策

歐盟的外交政策由下列 4 項組成：**對外貿易政策、對外發展政策、「共同外交暨安全政策」（CFSP）以及會員國自身的外交政策**[2]。

　　由於歐盟國家都有著悠久的歷史文化傳統，作為基督教文明國家的集聚區，歐盟領袖強調推行所謂「價值觀外交」，近期德國總理梅克爾（Angela Merkel）就是一例。歐盟外交政策的基礎根植於西方社會的人文理念與宗教價值，以及國內政治生態與國民倫理，常體現出濃厚的「傳教士情結」，表現在對中國政策上，就是民主、人權、宗教等領域比重增大。

　　歐盟對中國的外交具備超越傳統的特性，因為中國既非希望加入歐盟的候選國，不是地理上接近歐盟須實施睦鄰政策的對象，不像是對歐洲有野心的侵略者，也不是伸手待援的失能國家（failing state）[3]。中國本身作為一個新興崛起的強權，已足夠使歐盟對中國政策既重要又特殊。「歐盟對外事務部」（EEAS, European External Action Service）公開文件中顯示，歐盟「中國政策」的主要目標在於[4]：

- **擴大及深化與中國的對話**，在雙邊及全球議題（如共同努力以因應氣候變遷等全球挑戰），同中國保持進一步的接觸。
- **協助中國朝向以法治及尊重人權為基礎的開放社會轉型。**
- **鼓勵中國繼續融入世界經貿體系**，支持經濟及社會改革進程。
- **提高歐盟在中國的聲望形象**，增進彼此瞭解。

　　在台海議題上，歐盟立場基於地緣與利益等因素，以**和平穩定**為前題，以**經貿發展**為核心；並認為兩者係相輔相成，互為因果。歐盟支持兩岸以和平方式解決台海兩岸差異，拒絕任何一方以武力或威脅之方式解決問題。歐盟期盼兩岸能進行建設性的對話，避免固執己

---

[2]　May-Britt U. Stumbaum, *The European Union and China, Decision-Making in EU Foreign and Security Policy toward the People's Republic of China, Nomos* (2009), p.13

[3]　Ibid., p.13

[4]　參考 http://eeas.europa.eu/china/index_en.htm, (8 March 2011)

見。歐盟認為：任何解決方案都必須建立在雙方可接受的基礎上，同時尊重台灣人民的意願。

2007 年間，台灣推動「入聯公投」，中國國台辦主任陳雲林造訪歐盟「共同外交暨安全政策」高級代表索拉納（Javier Solana de Madariaga），隨後發表聯合聲明：反對「入聯公投」。歐盟態度十分明顯，就是不希望兩岸擦槍走火，尤其期盼台灣多所節制。歐盟對於**兩岸和平**有高度企求，認為如此才符合歐盟在本區域的利益[5]。

歐盟對台海兩岸政策有四大支柱[6]：

■ 「**一個中國**」政策。
■ 兩岸問題應經由**和平方式**解決，反對使用武力或威脅。
■ 鼓勵兩岸**建設性對話**。
■ 有關兩岸之任何安排皆應立於**相互接受**之基礎上。

歐盟在「一個中國」政策下，僅承認「中華人民共和國」政府為中國唯一的合法政權，並不承認中華民國台灣是主權國家，因此與台灣並沒有正式外交關係。歐盟視台灣為一個經濟與商業實體，與台灣強化非政治領域關係，在其他領域（如：經貿、科學、教育與文化）維持良好合作。

幾個例子可以看出歐盟緊抱「一個中國」的立場，如：台灣 2008 總統大選後，歐盟就兩岸關係發表聲明：歡迎大選結果也支持台灣民主價值；但在聲明中也重申信守「一個中國」政策、堅持和平解決台灣問題。另強調：歐盟不會支持台灣加入以主權國家為會員資格的國際組織[7]。又如：2010 年 6 月，在兩岸恢復對談、開放直航及簽署「兩岸經濟合作架構協議」（ECFA）時，歐盟發表聲明歡迎兩岸推動和平進程，同時仍不忘重彈「一個中國」政策。

---

[5] 湯紹成，「歐盟對兩岸關係發展之態度」，《海峽評論》22, (Jun 2009), http://www.haixiainfo.com.tw/FF/222-7620.html, (1 Sep 2009)

[6] 參見：駐歐盟兼駐比利時代表處網站／工作內容簡介, http://www.roc-taiwan.org/be/ct.asp?xItem=88300&CtNode=437&mp=101&xp1=101, (24 Feb 2011)

[7] *Declaration by the Presidency on behalf of the European Union on Cross-Straits Relations*, (22 Mar 2008), http://ec.europa.eu/delegations/taiwan/documents/eu_taiwan/cross-straits_20080322.pdf (24 Feb 2011)

在統獨問題上，歐盟不似美國有其牽制中國的戰略考量，故只要符合和平與發展的原則，兩岸是統是獨對歐盟而言似鞭長莫及、無由置喙。

　　歐盟與台灣經貿關係深厚，台灣在 2009 年是歐盟第 19 大貿易國，是歐盟在亞洲繼日本、中國、韓國後的第 4 大重要貿易夥伴[8]。

　　除開歐盟本身，歐盟成員國對兩岸關係也各有獨特的觀點。德國在 1990 年實現兩德統一，對未來兩岸關係前景，傾向套用自身「統一」的經驗模式。該模式不認為海峽兩岸台灣與中國的互動是「國際關係」，但相信雙邊政府應可和平共存，並且支持可分獲國際社會承認。大多數德國政治人物也主張在時機成熟時（中國大陸民主化），兩岸最終能走向「統一」。德國政府有時也表現出對下列說法的肯定，即：台灣未來唯一的前途，是接受類似鄧小平所設計「一國兩制」的統一模式[9]。

第三節　中國的歐盟政策

　　中國將歐盟看作是一個獨立的政治中心，可共同合作制衡國際體系中的其他勢力。所謂「其他勢力」，雖未明言但暗指長期居全球主導地位的美國。中國非常期盼歐盟能真正獨立運作、不受美國操縱，並接受其「世界政治多極化」之觀點，中國與歐盟各為一極。歐盟成員國中，法國贊成上述觀點，而德國在施若德（Gerhard Fritz Kurt Schröder）主政時期也有一定程度的認同[10]。

　　2003 年 10 月中國發表《中國對歐盟政策文件》，雖然比起歐盟 1995 年 7 月首部對中國政策文件：《中歐關係長期政策書》（A Long-Term Policy for China-Europe Relations）晚了 8 年，但卻是北京

---

[8]　資料來源：歐洲經貿辦事處 *Taiwan & the EU*, http://eeas.europa.eu/delegations/taiwan/eu_taiwan/trade_relation/index_en.htm (31 May 2011)

[9]　Jean-Pierre Cabestan, "The Taiwan issue in Europe-China relations." in *China- Europe relations: perceptions, policies and prospects*, edited by Eberhard Sandschneider David L. Shambaugh, Hong Zhou, 2008, p.95

[10]　Michael Yahuda, "The Sino-European encounter: historical influences on contemporary relations." in Ibid., p.28

頭一回針對特定國家（區域）發表政策性文件，顯示出中國對於與歐盟關係的重視。

《中國對歐盟政策文件》一開頭，即強調「世界多極化」（Multipolarity）和「經濟全球化」的觀點。1998 年第 1 屆中歐峰會，中方還提議在最後的聯合文告中加入「多極化」（Multipolarity）的字眼，不過或許擔心美國不快，遭到英國代表的反對。歐盟似乎較樂於使用「多邊」（Multilateralism）而非「多極」（Multipolarity）。歐盟對外關係執行委員華德納（Benita Ferrero-Waldner）表示：「對歐盟來說，有多少「極」不是重點，如何運作才是關鍵。我們的願景是希望建立一個法治的世界，由多邊機構來立法及監管」[11]。在歐盟的《歐洲安全戰略》（European Security Strategy）所設定的「戰略目標」也指出：「我們的安全與繁榮，越來越倚仗有效能的『多邊』體系」[12]。

世界多極化和經濟全球化趨勢繼續曲折發展，和平與發展仍是時代主題。

──《中國對歐盟政策文件》

對於歐盟不斷強調人權的重要；以及期盼中國轉型成開放社會，中國在《中國對歐盟政策文件》只以簡短篇幅回應[13]：「中歐在人權問題上有共識，但也存在分歧。中方讚賞歐盟堅持對話、不搞對抗的立場，願在平等和相互尊重基礎上同歐盟繼續開展人權對話、交流與合作，互通資訊，增進了解，深化包括經社文權利、弱勢群體權利保障在內的合作。」

---

[11] Jing Men, "The EU-China Strategic Partnership: Achievements and Challenges", *EU Center of Excellence, University of Pittsburgh* (Nov 2007), p.8 原文為: "It is not the number of poles which counts, but rather the basis on which they operate. Our vision is a world governed by rules created and monitored by multilateral institution."

[12] *A Secure Europe in a Better World: European Security Strategy*, http://www.consilium.europa.eu/uedocs/cmsUpload/78367.pdf (10 Apr 2011), p.9

[13] ──, "The EU-China Strategic Partnership: Achievements and Challenges", *EU Center of Excellence, University of Pittsburgh* (Nov 2007), p.4

歐盟「共同外交暨安全政策」高級代表索拉納曾說：不管喜不喜歡，歐盟註定要成為全球的參與者（Global Player）[14]。中國也對歐盟寄予厚望，但可以想見亦曾大失所望。歐盟已發表多份對中國的戰略政策文件（**參考表 2-1：歐盟對中國政策文件列表**），但會員國處理與中國的經常性事務時，仍常與歐盟的共同立場牴觸。一位學者的觀察或可貼切形容中國對歐盟的看法：易於掌握、易於瞭解、易於操控，但長期而言卻難以認真對待[15]。

表 2-1　歐盟對中國政策文件列表

事件總數：11
統計時間：1985-2010

項次	公布年月日	文件英文名稱	文件中文名稱
1	1985.5.21 簽署 1985.10.1 生效	Agreement on Trade and Economic Cooperation between the European Economic Community and the People's Republic of China	貿易暨經濟合作協定
2	1994.7.13	Towards a New Asia Strategy	邁向新亞洲策略
3	1995.7.5	A Long Term Policy For China- Europe Relations	歐中關係長期政策
4	1998.3.25	1998 Communication: Building a Comprehensive Partnership with China	1998 公報：與中國建立全面的伙伴關係
5	2000.9.8	Report on the Implementation of the Communication "Building a Comprehensive Partnership with China	「與中國建立全面的伙伴關係」公報執行報告
6	2001.5.15	EU Strategy towards China: Implementation of the 1998 Communication and Future Steps for a more Effective EU Policy	歐盟對中國的策略：1998 公報的應用與更有效歐盟政策的下一步
7	2002.3.1	China Country Strategy Paper 2002-2006	中國國家戰略文件 2002-2006
8	2003.9.10	A Maturing Partnership: Shared Interests and Challenges in EU- China Relations	歐中關係的共同利益與挑戰－走向成熟的夥伴關係
9	2006.10.24	EU-China: Closer Partners, Growing Responsibilities	歐盟與中國：更緊密的夥伴、承擔更多責任
10	2006.12.11-12	Council conclusions on EU-China strategic partnership	歐盟－中國戰略伙伴關係理事會結論
11	2007.9.28	China Strategy Paper 2007-2013	中國國家戰略文件 2007-2013

---

[14] 載入至 2003 年 12 月「歐洲安全政策」（ESS, European Security Strategy）修訂版。

[15] E Sandschneider, "China's Diplomatic Relations with the States of Europe", *China Quarterly 169 (2002)*, p.44 原文為："easy catch- easy to read, easy to manipulate, and difficult to take seriously in the long run."

整理：梁正綱

製表時間：30 Apr 2011

註 1： 資料來源：http://www.eeas.europa.eu/china/policy_en.htm (access date: 3 Apr 2011)

註 2： 中國官媒指出 2003 年 10 月發表的《中國對歐盟政策文件》是「中方對近八年來歐盟發表五份對華政策文件的回應」，這五份政策文件應係指表列的第 2, 3, 4, 6, 8 項。

註 3： 歐盟另發表國家戰略文件（CSP, Country Strategy Paper），作為落實公報宣言的具體行動指南。國家戰略文件中，會對歐盟援外計畫進行審核及檢討。如表列第 7, 11 項。

第四節　中國與歐盟關係發展

　　歐盟與中國的外交關係可溯至 1975 年。1985 年 5 月簽署經貿合作協定。1998 年至 2010 年共舉行過 13 屆的中歐峰會（EU-China Summit）（**參考表 2-2：歷屆中歐領袖高峰會簡表**）。

表2-2　歷屆中歐領袖高峰會簡表

事件總數：13
統計時間：1998.4.1-2010.12.31

屆數 年月日	地點	中方代表	歐方代表
第1屆 1998.4.2	英國倫敦	朱鎔基	歐盟輪值國主席：英國首相布萊爾 (Tony Blair) 歐盟執委會主席：桑特 (Jacques Santer)
第2屆 1999.12.21	中國北京	朱鎔基	歐盟輪值國主席：芬蘭總理利波寧 (Paavo Tapio Lipponen) 歐盟執委會主席：普羅迪 (Romano Prodi)
第3屆 2000.10.23	中國北京	朱鎔基	歐盟輪值國主席：法國總統席拉克 (Jacques René Chirac) 歐盟執委會主席：普羅迪 (Romano Prodi)
第4屆 2001.9.5	比利時布魯塞爾	朱鎔基	歐盟輪值國主席：比利時總理伏思達 (Guy Verhofstadt) 歐盟共同外交暨安全政策高級代表：索拉納 (Javier Solana) 歐盟執委會主席：普羅迪 (Romano Prodi)
第5屆 2002.9.24	丹麥哥本哈根	朱鎔基	歐盟輪值國主席：丹麥總理拉斯穆森 (Anders Fogh Rasmussen) 歐盟執委會主席：普羅迪 (Romano Prodi)
第6屆 2003.10.30	中國北京	溫家寶	歐盟輪值國主席：義大利總理貝盧斯科尼 (Silvio Berlusconi) 歐盟共同外交暨安全政策高級代表：索拉納 (Javier Solana) 歐盟執委會主席：普羅迪 (Romano Prodi)
第7屆 2004.12.8	荷蘭海牙	溫家寶	歐盟輪值國主席：荷蘭首相巴肯嫩德 (Jan Peter Balkenende) 歐盟執委會主席：巴羅佐 (Jose Manuel Barroso) 歐盟理事會秘書長兼共同外交暨安全政策高級代表：索拉納

屆次/日期	地點		歐盟代表
第8屆 2005.9.5	中國北京	溫家寶	歐盟輪值國主席：英國首相布萊爾 (Tony Blair) 歐盟執委會主席：巴羅佐 (Jose Manuel Barroso) 歐盟理事會秘書長兼共同外交暨安全政策高級代表：索拉納
第9屆 2006.9.9	芬蘭赫爾辛基	溫家寶	歐盟輪值國主席：芬蘭總理萬哈寧 (Matti Vanhanen) 歐盟執委會主席：巴羅佐 (Jose Manuel Barroso)
第10屆 2007.11.28	中國北京	溫家寶	歐盟輪值國主席：葡萄牙總理索克拉特斯 (Jose Socrates) 歐盟執委會主席：巴羅佐 (Jose Manuel Barroso)
第11屆 2009.5.20	捷克布拉格	溫家寶	歐盟輪值國主席：捷克總統克勞斯 (Václav Klaus) 歐盟執委會主席：巴羅佐 (Jose Manuel Barroso) 歐盟理事會秘書長兼共同外交暨安全政策高級代表：索拉納
第12屆 2009.11.30	中國南京	溫家寶	歐盟輪值國主席：瑞典首相林費爾德 (Fredrik Reinfeldt) 歐盟執委會主席：巴羅佐 (Jose Manuel Barroso)
第13屆 2010.10.6	比利時布魯塞爾	溫家寶	歐盟主席：范宏畢 (Herman Van Rompuy) 歐盟執委會主席：巴羅佐 (Jose Manuel Barroso)

整理：梁正綱

製表時間：30 Apr 2011

註：2008年11月，因時任歐盟輪值國主席的法國總統薩科齊（Nicolas Sarkozy）宣布會見西藏精神領袖達賴喇嘛，引起中國政府強烈抗議。隨後，中國單方面延後原定12月在法國里昂召開的第11屆中歐峰會。2009年上半年峰會實際上可視作2008年峰會的延後舉行。

本節從政治、經貿、教科文及軍事面向說明中歐關係發展。

一、政治：不斷調整轉變

　　1975 年中國與歐盟（當時是歐洲經濟共同體）已建立正式關係，惟迄 1988 年 10 月歐盟執委會才在北京設立代表團，隨後不久就因發生 1989 年天安門六四學運，雙邊政治關係冷卻。一直又再到 1998 年，歐盟執委會通過：《與中國建立全面夥伴關係》（Building a Comprehensive Partnership with China）政策文件，同年並召開第 1 次中歐領袖高峰會，關係才重現活絡。從以上重要事件發生的時間點來分析，歐盟與中國在建交之後的 20 多年歲月裡，政治關係上的發展相當緩慢，長時期未見積極或建設性的交往。

　　1975 年至 1989 年間，中歐雙方的政治對話層級並不高，約在部長層級以下。例如：1980 年歐洲議會（European Parliament）與中國人大開始進行國會交流、1983 年理事會決定由輪值主席國外交部與中國駐該國大使建立雙邊磋商機制、1984 年首次中歐部長級會議於巴黎舉行、1986 年「歐洲政治合作」（EPC, European Political Cooperation）「三駕馬車」（Troika[16]）部長級與中國外長首次於聯合國大會期間會晤[17]。

　　有學者指出，由於冷戰長達 40 年，儘管中國共產黨 1949 年便已建政，但中國與歐洲都被視作是兩極強權互相抗衡下的從屬角

---

[16] Troika（三巨頭、三頭馬車、三駕馬車）英文字典原義為俄國由三匹馬拉帶的雪橇。在歐盟機制中 Troika 是集合（通常是三個）不同代表成為一個小組來執行某種功能性事務。不同階段、不同性質會有不同代表來組成。有前任、現任、下任輪值主席國的組合；也有現任輪值主席國、下任輪值主席國、歐盟理事會職司對外事務秘書長的組合（1999 年 5 月阿姆斯特丹條約生效後）；里斯本條約通過後又有新的調整。在歐盟對外事務中，引入 Troika 方式的宗旨在維繫政策的延續性，避免任期僅 6 個月的輪值主席國在政策銜接上出現問題。

[17] Franco Algieri, "It's the system that matters: Instititionalization and making of EU policy toward China." in *China-Europe relations: perceptions, policies and prospects*, edited by Eberhard Sandschneider David L. Shambaugh, Hong Zhou, 2008, p.71

色，因此全面關係難以拓展，只維持「次要關係」（secondary relationship）[18]。若非由於冷戰時期兩極對抗，中國與歐洲之間應早已建立起更獨立、平等的互動關係[19]。在 1990 年以前，歐盟與中國的關係主要衍生自與美蘇之間的關係，沒有哪一方認為與對方發展關係是值得依靠自身實力追求的目標，而是將雙方的關係放到與超級大國關係的背景下來看待，因此歐洲與中國的關係從未確立自己獨立的走勢，而總是對美蘇關係的變化做出反應[20]。

　　不過，若以 1990 年或冷戰結束為分界，中國與歐盟雙邊事實上並未立即開啟更廣泛及深入的交往，繼續推遲至 1998 年舉行第 1 屆中歐峰會後才見明朗，有較實質且密切的互動。因此，「兩極對抗下的次要關係」顯然並非絕對關鍵。總括冷戰結束後，中國與歐盟關係未能迅速開展的因素還應可包括：

- 對話**交流兩度中斷**（天安門事件及北約轟炸中國駐南斯拉夫大使館）。
- 歐盟忙於東擴及內部整合而**自顧不暇**（歐盟 1992 年完成單一市場）。
- 中國**經濟仍未全面起飛**（鄧小平 1992 年南巡）。
- 冷戰後**權力真空待填補**。

　　前中國駐德國大使梅兆榮指出：在 1989 年天安門事件後，西歐國家領袖原預期中國政府會在壓力下崩潰，但沒料到中國之後的演變反而是：內部向心穩定、經濟快速成長、國際地位明顯提高。為自身利益設想，歐洲只好重新調整對中國的政策，逐步恢復與中國的正常關係[21]。這樣的觀察也呼應以上分析，印證中歐交往於冷戰後並未能

---

[18] May-Britt U. Stumbaum, *The European Union and China, Decision-Making in EU Foreign and Security Policy toward the People's Republic of China, Nomos* (2009), p.15

[19] Michael Yahuda, "The Sino-European encounter: historical influences on contemporary relations." in *China-Europe relations: perceptions, policies and prospects*, edited by Eberhard Sandschneider David L. Shambaugh, Hong Zhou, 2008, p.29

[20] 高華，「中歐關係 30 年：過去現在和未來」in《2006 年：全球政治與安全報告》。

[21] David Shambaugh, "China eyes Europe in the world: real convergence or congnitive

立即加強，另有「次要關係」以外的其他因素。「天安門事件」雖未
實質影響雙邊經貿發展，在其他層面卻造成衝擊，使得「兩極對抗」
結束後的中國與歐盟兩大政治實體，沒有能立即開展及強化雙邊關
係。「天安門事件」後的中國確實大幅度改變，但卻是朝著與歐洲國
家預期相反的方向，也驅使歐盟政策制定者從經濟面，擴展至更廣泛
的社會、政治及人道關懷面，重新擘畫對中國的戰略。

　　後冷戰時代開啟，中國觀察家曾對中歐雙邊關係的前景一面倒的
看好[22]。1997及1999年香港及澳門陸續交回中國行使主權，中國前
駐德國大使梅兆榮說：經由和平協商將香港澳門回歸祖國後，中國與
歐洲之間不再有歷史恩怨[23]。2003年，中國與歐盟建立起「全面戰略
夥伴關係」並發表《中國對歐盟政策文件》；2004年，胡錦濤等多
位中國領導人訪問歐洲增強彼此政治互信，且繼法國之後中國又把與
德國、英國、義大利的關係提升到「全面戰略夥伴關係」；據統計，
2004年歐盟執委會各階層官員訪問中國的次數共達206次，平均下
來是每週4次，此一數據彰顯出雙方交往的頻密[24]。2005年，中國與
歐盟慶祝建交30年。可以說，2003年至2005年是中國與歐盟關係
的顛峰時期。

　　1998年起幾乎每年都召開的中歐峰會、2001年中歐建立「全面
夥伴關係」、2003年雙方建立「全面戰略夥伴關係」、2003年10月
中國前所未有發表首份《中國對歐盟政策文件》，連串事件象徵雙邊
關係步入一個更為緊密的新境界。

　　不過，中歐雙邊關係發展仍不免常受到各獨立事件衝擊影響，例如：
歐洲國家（荷、法）軍售台灣、歐洲領袖會見達賴喇嘛、奧運聖火傳遞
受阻、西藏問題、新疆動亂、諾貝爾和平獎頒發給中國異議人士等等。

---

dissonance?" in *China-Europe relations: perceptions, policies and prospects*, edited
by Eberhard Sandschneider David L. Shambaugh, Hong Zhou, 2008, p.134

[22] Ibid.in , p.133

[23] Ibid.in , p.134

[24] Benita Ferrero-Waldner. 2005. "The EU, China and the quest for a multilateral world."
edited by Pierre Defraigne: 中國國際問題研究所., p.111

　　2008 年春，北京奧運聖火在歐洲 4 國（希臘、土耳其、英國及法國）傳遞，但在希臘雅典、土耳其伊斯坦堡、英國倫敦及法國巴黎，均有示威活動以阻撓聖火傳遞。在法國的聖火傳遞，更因唯恐抗議行動失控而提早結束；過程中還有幾名激進的西藏流亡政府支持者試圖搶奪火炬，而對中國殘障火炬手金晶有攻擊行為，此一事件引發中國輿論及民眾對法國的不滿。2008 年 12 月初，法國擔任歐盟輪值主席國，總統薩科齊（Nicolas Sarkozy）又高調於波蘭華沙會晤達賴喇嘛，北京於是推遲第 11 屆中歐峰會以為抗議。

　　經歷過 2008 年的波折後，2009 年中歐雙方破天荒舉行兩屆中歐峰會，2010 年包括法國總統薩科齊、荷蘭總理巴肯納德（Jan Peter Balkenende）在內的多位歐洲領袖，相繼參加上海世界博覽會[25]，中歐關係回復穩定正常發展。而 2008 年下半年以來，從美國所爆發的金融海嘯席捲全球，益增中國的影響力；2010 年「歐元危機」之際，中國出手購買希臘等國債券。

二、經貿：快速穩定成長

　　歐洲經濟共同體（歐盟的前身）設置之初，係以經貿整合為起點，1985 年 5 月與中國雙方簽署經貿合作協定之前，即曾於 1978 年 4 月與中國簽訂效期 5 年的貿易協定，旨在加強雙方的貿易往來。

　　1980 年代，中國還只是歐盟排名第 25 的貿易夥伴，至 2005 年則躍升至第 2 名，僅次於美國[26]。2009 年中歐貿易額為 3640.9 億美元，歐盟連續第 6 年保持中國第一大貿易夥伴地位[27]。

　　經貿上的快速擴展，卻並不意謂中國與歐盟彼此都滿意於目前的商業關係，事實上雙邊都對現況存有不滿，也有許多抱怨。兩名來自

---

[25] 作者註：歐盟執委會主席巴羅佐（José Manuel Durão Barroso）、法國總統、荷蘭總理出席世博會開幕式；芬蘭及匈牙利總理出席閉幕式。

[26] Eugene Kogan Ezio Bonsignore, "Fatal Attraction: The EU Defence Industry and China", *NATO's Nations and Partners for Peace 2* (2005), p.15

[27] 《中國同歐盟的關係》，*中華人民共和國外交部*（1 Jun 2010），http://www.fmprc.gov.cn/chn/pds/gjhdq/gj/oz/1206_46/sbgx/ (13 Mar 2011)

中國商務部的作者在《國際貿易》（*The International Trade Journal*）期刊上，列舉出 10 項在雙邊貿易上的難題 [28]：

■ 龐大且增加快速的中國貿易盈餘。
■ 歐盟對中國出口業反傾銷案迅速增加。
■ 歐盟在科技貿易上重重壁壘。
■ 「後配額時代」（post-quota era）更多不確定性。
■ 智慧財產權越來越多的紛爭。
■ 中國出口貨品較少獲得「普及特惠制」（或「普遍性優惠關稅制」）（GSP, Generalized System of Preference）。
■ 歐盟對中國投資增長緩慢，而中國對歐盟投資機會受限。
■ 高科技交流合作相較不足。
■ 中小型企業低度合作。
■ 由於歐盟擴大造成的中國損失並無協商及賠償。

　　中國蓬勃的經濟發展及巨大的貿易市場強烈吸引歐洲人的目光，也促成 2000 年以降至 2005 年的「中歐蜜月期」。不過，隨著雙邊貿易不斷增長也出現摩擦，例如反傾銷法案、其他貿易壁壘，以及中國近年極力爭取歐盟給予而不可得之「完全市場經濟地位」（MES, Market Economy Status）等。許多中國學者指出：對中歐商業關係造成最大負面影響的兩項因素，是歐盟遲遲不願給予中國「**完全市場經濟地位**」以及持續的**武器禁運**。

　　要理解「完全市場經濟地位」，須從「市場經濟」定義著手。市場經濟（又稱為「自由市場經濟」或「自由企業經濟」）是一種經濟體系，在這種體系下產品和服務的生產及銷售完全由市場的自由價格機制所引導，而不是像計劃經濟一般由國家所引導。市場經濟也被用作資本主義的同義詞；在市場經濟裡並沒有一個中央協調的體制來指引其運作，理論上市場將會透過產品和服務的供給和需求產生複雜的相互作用，進而達成自我組織的效果。對比於「完全市場經濟地位」

---

[28] Zhang Zugian, "China's commercial relations with Europe." in *China-Europe relations: perceptions, policies and prospects*, edited by Eberhard Sandschneider David L. Shambaugh, Hong Zhou, 2008, p.237

的是「非市場經濟地位」，以往也稱「中央計劃經濟」，是反傾銷法和反傾銷調查確定「傾銷幅度」時使用的一個非常重要概念[29]。

2001 年 11 月 10 日中國獲准加入世界貿易組織（WTO），30 天後成為正式成員。不過此前長達十幾年入盟 WTO 的談判中，有些國家對中國的「完全市場經濟地位」表示懷疑。中國最終在簽署加入 WTO 議定書中，接受一些限制性條款：一是有效期 12 年的《特定產品過渡性保障機制》條款；二是 2008 年底終止的《紡織品特別限制措施》；三是對中國出口產品反傾銷調查的「非市場經濟地位」待遇，即 15 年的《確定補貼和傾銷時的價格可比性條款》。

議定書第 15 條規定：「如接受調查的生產者不能明確證明生產該同類產品的產業在製造、生產和銷售該產品方面具備市場經濟條件，則該世貿組織進口成員可使用不依據與中國國內價格或成本進行嚴格比較的方法」，此項規定「應在加入之日後 15 年內終止」。也就是說，中國 15 年內不自動具有「市場經濟地位」，要取得「完全市場經濟地位」，需要得到進口國的承認。這些條款也意味著，最遲在 2016 年之前，WTO 的其他成員在進行反傾銷、反補貼措施時可對中國使用「非市場經濟條款」。

在反傾銷中，「正常價值」是確定傾銷是否成立的一個要件。根據《反傾銷協定》，「正常價值」的確定一般有三個標準，即出口國國內市場銷售價、第三國出口價和出口國結構價。以上這三種正常價格的確定方法僅適用於來自「市場經濟」國的商品，而對於來自「非市場經濟」國家的商品，可採用特殊標準。歐美等大多數國家一般採用「替代國」的取價方法，即選擇一個經濟發展水準相似的市場經濟第三國同類產品的價格代替正常價。從歐美對中國反傾銷案件看，被作為替代國的除印度、巴基斯坦、墨西哥等國外，奧地利、日本、瑞士等經濟發展程度遠高於中國的國家也常常入選。如此一來，本來可能沒有傾銷，但因選用替代國的標準不同，產生的傾銷幅度可能會很高。如 1990 年代，歐盟對中國彩色電視反傾銷，就是以新加坡作為

---

[29]　參考自：維基百科、中華人民共和國商務部。

替代國來計算生產成本時，新加坡勞動力成本高出中國 20 多倍，傾銷案自然較易成立。

跟據中國商務部統計，至 2003 年 10 月，全球對中國發起的反傾銷案件共 540 多起，直接影響出口 160 億美元，中國成為遭受反傾銷訴訟最多的 WTO 成員。一些國家頻繁啟動各種調查，嚴重限制中國產品的出口，減損中國產品在當地的市場競爭力，影響中國與這些國家和地區之間的正常貿易關係。

2006 年 3 月，全球有 53 個國家承認中國「完全市場經濟地位」；2007 年 7 月數目攀升至 75 國；到 2010 年 5 月，全球已經有近 150 個國家，承認並給予中國「市場經濟地位」。以上數據可見中國政府在爭取其他國家承認其「完全市場經濟地位」所作的努力，但是占中國進出口總額 45%前三大貿易夥伴：歐盟、美國和日本並不承認中國「完全市場經濟地位」，總計包括有約 30 個、全球 3/4 的高收入國家。

2010 年 5 月美國前貿易副代表蘇珊・艾瑟曼（Susan G Esserman）曾表示，美國很可能不會在 2016 年之前承認大陸的市場經濟地位[30]。一般觀察指出：歐盟經常以美國馬首是瞻，這個議題應也不屬例外。不過，2010 年 10 月正在歐洲的溫家寶突訪未於規劃行程中的德國，並與德國總理梅克爾（Angela Merkel）會晤，發表的聯合聲明稱：德國願意推動歐盟承認中國的市場經濟地位[31]。

三、教科文：交流日益增加

中歐在教育、科學及文化上的交流，使雙方關係更加深化，亦有更多實質內涵，例如：

---

[30] Ding Qingfen, "US unlikely to grant China market economy status soon", *China Daily* (12 May 2010), http://www.chinadaily.com.cn/world/2010-05/12/content_9837875.htm (23 Apr 2011)

[31] 「分析：溫加寶突訪德國意在政治交易」，*BBC News* (6 Oct 2010), http://www.bbc.co.uk/zhongwen/trad/china/2010/10/101006_china_germany_relation.shtml (23 Apr 2011)

- 1998 年 12 月 22 日，雙方簽署《中歐科技合作協定》。
- 2003 年，中歐簽署關於加強文化交流與合作的聯合聲明。
- 2004 年，中歐續簽科技合作協定。
- 2005 年 5 月，「中歐科技戰略高層論壇」在北京舉行。
- 2006 年 5 月，中歐高教合作研討會在北京舉行。
- 2006 年 10 月，中國政府啟動為期 5 年的「中國－歐盟學生交流獎學金項目」，自 2007 年起每年向 100 名歐盟青年學生提供政府獎學金。
- 2006 年 10 月 11 日，「中歐科技年」在布魯塞爾正式啟動。
- 2007 年，中歐簽署加強教育合作的聯合聲明，建立教育政策對話機制，而中國教育部同法國高教科研部還簽署兩國文憑學位互認協議。
- 2008 年，中國政法大學中歐法學院正式成立。
- 2009 年，中歐簽署《語言合作聯合聲明》和《中歐清潔與可再生能源學院》財政協議 [32]。
- 2010 年 10 月 6 日，首屆「中歐文化高峰論壇」在布魯塞爾歐盟委員會總部舉行，歐盟執委會主席巴羅佐（José Manuel Durão Barroso）和溫家寶共同出席開幕式。
- 2010 年在歐洲的中國留學生統計近 20 萬人 [33]。

中國與歐洲在文化交流的密切程度，還可以從兩處進行觀察，其一是從 2004 年開始，在海外設立以推廣漢語學習及傳播中國文化為宗旨的非營利性公益機構：「**孔子學院**」。截至 2010 年 10 月，世界各國已建立 322 所孔子學院和 369 所孔子課堂，共計 691 所分布在 96 個國家地區；其中歐洲地區計 105 所分布在 31 國 [34]。

其二便是所謂「**文化年**」，如英國（2003/2008）、法國（2003-2004）、俄國（2007）、義大利（2010）等國都分別舉辦「中國文化年」。在

---

[32] 《中國同歐盟的關係》，*中華人民共和國外交部* (1 Jun 2010), http://www.fmprc. gov.cn/chn/pds/gjhdq/gj/oz/1206_46/sbgx/ (13 Mar 2011)

[33] 梅兆榮，「中國對歐洲的期望」《*外交季刊*》*Winter 2010 Issue 98*

[34] 參考：http://www.hanban.org/confuciousinstitutes/, (6 Mar 2011)

中國也有舉辦「法國文化年」（2004-2005）、「義大利年」（2006）、「西班牙年」（2007）、「希臘文化年」（2008）等一系列大型文化交流活動[35]。歐洲國家普遍重視人文教育，各大博物館陳展中國文物比例亦高。若干歐洲城市也設有「中國文化中心」，如德國柏林、法國巴黎及位於地中海的島國馬爾他等。中國政府在法國、比利時、德國、瑞士等地，舉行過多次文化藝術展覽，爾後此類「中國文化年」活動預判亦將越來越多。

四、軍事：初步開啓接觸

軍事交流範圍一般可涵蓋：人員（軍艦）互訪、聯合演習觀摩、情報交換、各層級軍事（戰略）對話、軍售、軍事互信建立等等。在2003年10月所公布的《中國對歐盟政策文件》中，中國特別強調在軍事方面要：「保持中歐高層軍事交往，逐步完善和發展戰略安全磋商機制，擴大軍隊專業團組交流，增加軍官培訓和防務研討交流」。還強調呼籲：「**歐盟應早日解除對華軍售禁令，為拓寬中歐軍工軍技合作掃清障礙。**」

中國與歐盟的軍事交流與其他項目相較起步略遲，也受到許多制約。在《中國對歐盟政策文件》中，軍事政策也擺在整份文件的最後。1989年至2010年之間，中歐交流受兩起重大事件影響，軍事防務都是首當其衝，其一是1989年6月4日的「天安門事件」，其二是1999年5月8日北約部隊轟炸中國駐南斯拉夫大使館。北約（NATO，北大西洋公約組織）雖不等同歐盟，但兩者在安全防務上，存在既競爭又合作的緊密關係。歐盟國家長久以來不斷有建立「歐洲部隊」的呼聲，但受限於軍費及政治現實而難以落實。北約組織大部分成員國位在歐洲，主要歐洲大國也都是北約成員，迄今北約仍是主導歐洲戰略、安全、軍事最重要的一股力量。北京大學國際戰略研究中心學者余萬里說：北約一定程度上講，是服務於美國全球戰

---

[35]　參考溫家寶在2010年10月「中歐文化高峰論壇」上的致辭。

略的工具[36]。若中國對上述觀點普遍接受及認同，以北約為美國強力主導、與歐盟關係緊密且成員重疊性高（**參考圖 2-2：北約歐盟成員對照圖**）的情形來看，中國與歐盟在軍事交流上的廣度及深度均必將受限。

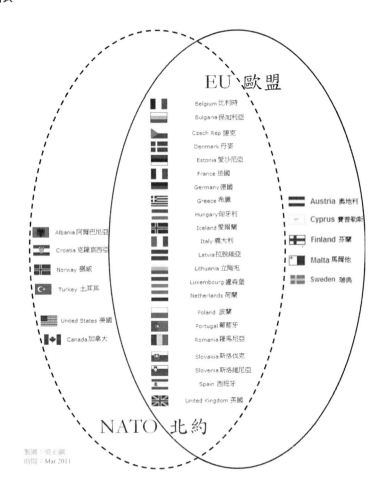

圖 2-2　北約與歐盟成員對照圖

[36] 鳳凰網.2010.「中國與北約有合作空間嗎？」

2004 年 9 月 10 日，曾任解放軍副總參謀長的熊光楷在解放軍國防大學國際問題研討班演講，內容亦曾提及中國與歐盟軍事交流的概況。他指出：人員互訪上，如總參謀長梁光烈等率領過高級軍事代表團訪問英國、法國、德國等主要歐盟國家，而法國、德國、希臘、芬蘭等國高級軍事代表團也先後至中國訪問。聯合演訓上，解放軍與法國、英國海軍舉行過海上聯合搜救演習[37]。軍事互信上，中國也與法、德、義等歐洲國家在內的各國軍隊，開展雙邊及多邊戰略磋商和對話[38]。

　　高階將領訪問歐洲者除梁光烈外，還包含前國防部長遲浩田、總參謀長傅全有、副總參謀長張黎、葛振峰、中央軍委副主席郭伯雄等人，均曾分別率團訪問德國、法國、英國、義大利、丹麥、芬蘭、希臘等國[39]。

　　另外，中國對國際維和行動態度的轉變，從「不介入」改為「全面參與」的立場，也促成解放軍與外軍更多的交流。1988 年 9 月，中國正式申請加入「聯合國維持和平行動特別委員會」；同年 12 月 6 日，第 43 屆聯合國大會同意中國加入。隨著中國積極參與國際維和行動，間接帶動與歐盟在內各國的軍事交流，例如：英國為參與此類行動的中國士兵開辦訓練課程，解放軍軍官開始在德國、法國和英國的軍事參謀學院接受培訓[40]。另有報載解放軍軍官在德國受訓，學

---

[37] 2004 年 3 月中法於青島附近舉行海上聯合搜救演習；2004 年 6 月中英於黃海海域舉行海上聯合搜救演習。

[38] 熊光楷，「中國軍事外交與中國對外政策和國防政策」in《國際形勢與安全戰略》，edited by 清華大學出版社 2006 pp.129-130

[39] 參考：《法國總統希拉克會見中央軍委副主席郭伯雄上將》，中華人民共和國駐法蘭西共和國大使館（27 Jul 2006），《大陸情勢 200310》，行政院大陸委員會（Oct 2003），《大陸情勢 200407》，行政院大陸委員會（Jul 2004），解放軍報，「梁光烈結束對歐洲三國訪問回京」，解放軍報（26 May 2006）

[40] 高華，「中歐關係 30 年：過去現在和未來」in《2006 年：全球政治與安全報告》，edited by 2006

習參謀體制及多邊安全合作經驗[41]；2008 年 9 月，《星期日泰晤士報》及《國際先驅導報》均報導英國桑德赫斯特皇家軍事學院（Royal Military Academy Sandhurst）有來自中國的軍官就讀[42]。在北約框架下，解放軍也派遣軍官至其他歐盟國家受訓[43]。

　　在海軍部分，解放軍艦艇編隊 2001 年即曾訪問德國、英國、法國、義大利等國。2005 年開始，非洲東北的索馬利亞沿岸海盜活動猖獗，世界各國為維護海上交通線安全而展開護航行動，該任務提供中國與歐盟等海軍軍事交流良好的平台。2008 年 12 月起，中國派遣艦隊前往亞丁灣，迄 2011 年 3 月已有 8 批護航編隊於印度洋及索馬利亞沿岸執行護航任務。參與打擊海盜行動的其他國家及組織，另包括北約、歐盟海軍部隊（EUNAVFOR）、美國領導的「多國聯合海上部隊」（CMF, Combined Maritime Forces）、印度、日本、俄國、馬來西亞、新加坡等。北約、歐盟及「多國聯合海上部隊」分別輪流於巴林（Bahrain）主辦「信息共享與降低衝突」（SHADE, Shared Awareness and De-confliction）論壇，該聚會成為參與打擊海盜單位，意見交流、情報及經驗分享的平台。解放軍海軍於 2009 年 1 月 16 日加入 24 國打擊索馬利亞海盜聯絡協調會後，與各國海軍互動更日益增加[44]。（**參考表 2-3：解放軍護航編隊軍事交流**）

---

[41] 亓樂義，「學習參謀體制，中共軍官赴德取經」，*中國時報 13 版*（7 May 2007）。

[42] 國際先驅導報，「中國軍官軍事交流遇政治門檻因為惹了誰？」，*國際先驅導報*（12 Sep 2008）。

[43] 資料來源：作者 2009 年 7 月與亞洲某國駐歐武官 H 上校會談。

[44] 自第 3 批次護航編隊開始，解放軍與各主要強權國家海軍即頗有互動，參考表 2-3：解放軍護航編隊軍事交流。

表 2-3　解放軍護航編隊軍事交流

事件總數：14
統計時間：2009.11.3-2011.4.30

項次	日期	交流情形
1	3 Nov 2009	美國海軍少將訪問第 3 批解放軍舟山艦
2	10 Nov 2009	歐盟海軍荷蘭准將訪舟山艦
3	21 Nov 2009	中國指揮員訪問美艦
4	23 Nov 2009	中國指揮員訪問荷蘭巡防艦並派員觀摩
5	2009	北約海軍指揮官英國准將訪問舟山艦
6	18 Jan 2010	歐盟海軍指揮官訪問馬鞍山艦
7	28 Apr 2010	日本海上自衛隊澤霧艦南孝宜上校一行廣州艦登艦訪問
8	19 Jul 2010	護航編隊訪問埃及、義大利、希臘、緬甸、新加坡等國
9	8 Jan 2011	北約 508 特混編隊指揮官、荷蘭海軍米歇爾西蒙斯准將一行 9 人，登上中國海軍第 7 批護航編隊「舟山」艦，與編隊指揮員張華臣少將及指揮所成員會面交流
10	15 Feb 2011	第 7 批指揮員張華臣少將至歐盟 465 特混編隊旗艦、西班牙海軍「加納利群島」號護衛艦進行訪問
11	25 Mar 2011	訪問荷蘭特羅姆普（Tromp）號巡防艦
12	24 Apr 2011	與巴基斯坦海軍反海盜操演
13	28 Apr 2011	護航編隊訪問坦尚尼亞、南非、塞舌爾（Seychelles），抵新加坡
14	30 Apr 2011	美參議員馬克‧柯克（Mark Kirk）訪問第 8 批護航編隊

整理：梁正綱
製表時間：10 May 2011

　　2009 年 10 月 19 日中國籍貨輪「德新海」號遭海盜劫持後，中國表示將召開國際會議，以討論在亞丁灣實行「分區護航」等合作措施。2009 年 11 月初，中國邀集於亞丁灣執行打擊海盜各單位，至北京召開「亞丁灣護航國際合作協調會議」，包括北約、歐盟、「多國聯合海上部隊」、印度、日本以及俄國等均派員參加。協調會中，解放軍提議定期聚會（SHADE）應輪流由各國主辦，也要求能成為共同主席[45]。

---

[45] 作者參與荷蘭智庫 Clingendale Asia Study 學術研討會會議資料，中國雖於該

　　2009 年 11 月上旬，負責指揮歐盟海軍打擊海盜的荷蘭彼得賓特（Pieter Bindt）准將，訪問解放軍護航編隊中的「舟山艦」；11 月下旬解放軍海軍指揮員王志國少將也回訪荷蘭「埃沃特森」（Evertsen）號巡防艦。報導指出，彼得賓特准將說：「目前歐盟正在推廣一個名為『水星』（Mercury）的網路通訊系統，包括中國在內的其它打擊海盜成員國都能由此共享情資」。隨後兩名中國軍官留在荷蘭軍艦進行駐艦交流，同樣也有兩名荷蘭軍官派往「舟山艦」見習。雖然規模不大，但分享情資及駐艦實習均為具體的軍事交流項目，意義非凡[46]。2010 年 8 月 2 日，解放軍海軍第 5 護航編隊結束護航任務後，並未直接返國，而是前往義大利、希臘等國港口作交流訪問。

　　歐盟擴大後，由於納入許多東歐新成員國，也為中歐軍事交流開啟更多機會。2008 年，媒體傳出中國與波蘭著名直升機製造商簽署協議，未來 10 年中國將向波蘭購買 150 架直升機。2009 年 12 月 16 日波蘭國防部長克里赫（Bogdan Klich）訪問中國，與國防部長梁光烈簽署軍事合作協議，承諾在軍事訓練及國際維和等領域共同合作。波蘭國防部強調這項軍事合作協議不違背歐盟規章，不涉及技術輸出或軍備交換，限定於「防衛、安全及武器管制領域」，主要著眼於軍事科學研究、軍事教育訓練、軍醫、軍事行動所造成環境影響等。更具體的內容包括：舉行軍方高層會議、實務階層經驗交流、軍事演習互派觀察員、維和及人道救援任務的合作、政軍會談、軍事研討會等[47]。仔細分析上述內容，幾乎已涵蓋大部分軍事合作範疇，僅餘聯合軍事演習、軍事互信機制建立而已。2010 年 10 月，波蘭總參謀長米耶齊斯瓦夫・切紐赫（Mieczysław Cieniuch）也訪問中國，顯見中國與波蘭軍事交流的頻密。2010 年 11 月，羅馬尼亞軍隊與解放軍在雲南昆明舉行代號「友誼行動－2010」的陸軍山地部隊聯合訓練，是歐洲國家軍隊第一次至中國大陸實施聯合訓練[48]。

會議提出欲擔任共同主席，惟之後並未積極進行。
[46] Radio Netherlands Worldwide, 23 Nov 2009, by Hans de Vreij
[47] "Poland signs defence accord with China", *Jane's Defence Industry* (17 Dec 2009)
[48] 陶社蘭，「友誼行動 2010：歐洲國家軍隊首次來華聯訓」，*中國新聞網* (1 Nov

在軍事技術合作上，2002 年歐盟正式批准「伽利略計畫」（Galileo Project）。這項預算總額超過 30 億歐元的戰略科研計畫，旨在建立一個民用全球衛星導航系統，提供高精度、高穩定性的定位服務，但也不排除移作軍事用途。2003 年 10 月，中歐雙方正式簽署《伽利略衛星導航合作協議》，中國承諾投資兩億歐元。中國成為參加「伽利略計畫」的第一個非歐盟成員國，可與歐盟成員國享有同等權利和義務。

　　整體而言，中國與歐盟的軍事關係發展曾於 1989 年因天安門事件而中斷，1999 年再受北約轟炸中國大使館衝擊。至 2010 年期間雖有高層互訪、演訓觀摩、戰略對話等合作交流項目，惟查考其規模仍處於起步階段。以演習為例，不僅主要集中於單一軍種（海軍），且以打擊海盜、人道救援等較低強度之軍事行動為主，通常也都是配合艦艇訪問順帶實施，並非年度或定期的軍演。而歐洲軍力骨幹仍係美國為首的北約組織，以美國與中國目前之軍事交流僅著眼於加強對話來看，美國應不樂見中歐軍事合作升級。

小結

　　中國社會科學院歐洲問題研究所所長周弘指出，中國與歐洲走近有特定的共同利益及互補因素[49]：

- 中國與歐盟的經濟改革及相似的混合（社會主義式）市場模式。
- 中國與歐盟的經貿機會。
- 中國開放政策及歐盟擴大及整合政策。
- 從文化與教育交流證明彼此相互學習的意願。
- 社會公平的相互信念。

2010), http://mil.huanqiu.com/china/2010-11/1218267.html (14 Mar 2011)

[49] David Shambaugh,"China eyes Europe in the world: real convergence or congnitive dissonance?"in *China-Europe relations: perceptions, policies and prospects*, edited by Eberhard Sandschneider David L. Shambaugh, Hong Zhou, 2008, pp.134-135

- 中國的「和平共處五項原則」（FPPC, Five Principles of Peaceful Coexistence）及歐盟的「共同外交暨安全政策」（CFSP）。
- 推動合作發展及促進世界和平的意願。
- 解決全球紛擾「熱點」（hot spots）的共同努力。
- 推動多極主義的相互努力。
- 依據國際法及聯合國等國際機構，支持及建立國際秩序。
- 深化雙邊關係。

在 2003 年解禁議題發酵前，中國與歐盟關係迅速進展受惠於彼此並無直接利害衝突。歐盟在東亞地區也不像美國存在關鍵的利益。北京與巴黎的直線距離超過 11000 公里，飛行時間大約 10 小時[50]，中國與歐洲的地理分隔，使得彼此在地緣安全上不致成為對方立即而明顯的威脅。然而，實體距離也造就心理距離，表現在意識型態、文化、價值觀、政治制度及社會體系上差異顯著。此外，中國與歐盟也處在極為不同的發展階段（歐盟多數成員國列屬「已開發」國家，中國則自稱「開發中」國家）。

中國與歐盟均同意彼此之間互相依賴，雙邊關係在本身對外事務上佔有顯著而重要的地位。1989 至 2010 年間中歐關係的快速變動及緊密發展，從政策面至執行面，均顯示歐盟在政治、經濟、安全各層面對「中國崛起」做出因應。

1995 年 7 月 5 日歐盟執委會公布《中歐關係長期政策書》，首章便強調對中國須採取新的政策，因為：「中國崛起」對全球及區域形成衝擊，且中國對歐洲利益非常重要。

中國看到在抵制美國的單邊主義政策上，與歐洲存在共同的利益。不過，歐盟儘管認知到與中國關係的重要，但歐洲國家也發現自身受限於對盟友的義務，因為美國的國家利益更直接受到「中國崛起」的衝擊。

---

[50] 2007 年 8 月，140 多人組成的 71 輛老爺車隊從法國巴黎出發，途經義大利、土耳其、伊朗、土庫曼斯坦，由新疆進入中國，歷時 1 個多月的奔波跋涉，到達終點北京，單程穿越超過 18000 公里。

隨著中國經濟的持續增長、市場擴大，歐盟在大陸發現比在台灣大得多的經濟利益，從而降低台灣於歐盟對外政策中的重要性。由於歐盟國家與中國並沒有至關重要的安全利害衝突，他們在台灣問題上與中國採取對立的可能性也不高。

　　中國與歐盟關係在許多項目上仍存有極大歧見，包括：武器禁運、人權、市場經濟地位、貿易壁壘及保護主義。

　　溫家寶主持 2009 年 11 月 30 日在南京舉行的第 12 屆中歐峰會時強調：要增強「**戰略性、全面性和穩定性**」。然而，這恰恰也顯示出中國與歐盟：

- **戰略**上並未達成共識，距離真正的「戰略夥伴」還有相當長的距離。彼此「互信」不足。
- 關係發展仍侷限在經濟貿易等層面，所以還會膠著於「貿易保護主義」、「人民幣升值」等議題，未能更「**全面性**」、「**多向性**」開展。
- 蜜月期結束後不間斷的外交衝突，雙邊關係缺乏「**穩定**」發展的軌跡。

第三章

演進：歐盟對中武禁各階段

歷史的規律是：舊的不去，新的不來。

——魏京生（1978 年 12 月 5 日在西單牆貼出）

　　歐盟對中國的軍售禁令自 1989 年起至 2010 年，已持續進行超過 20 年。這 20 多年武禁的發展，依媒體報導頻率高低可以劃分為 3 個階段，輔以圖表便能清楚了解其走向及變化（**參考圖 3-1：歐盟對中武禁各階段演進圖**）。

第一節　平靜期（1989-2002）

　　1989 年 4 月 15 日，前中國共產黨領導人胡耀邦逝世，北京各大高校學生為胡耀邦舉行悼念活動，數日之內迅速演變成大規模的抗議示威。在胡耀邦追悼會當日，聚集在天安門廣場上的人群達數萬之多。儘管缺乏共同目標和統一領導，但群眾普遍抗議中國政府的專制威權，並提出經濟改革與政治民主等訴求。

　　隨著事件發展，除在北京天安門廣場附近出現抗議人群，在中國大陸其他城市也相繼爆發類似的大規模抗議活動，引起國際社會注意。最後，中國政府宣布戒嚴，人民解放軍進入北京。

　　1989 年 6 月 4 日，中國政府為結束示威活動，下令解放軍對聚集在天安門廣場上的民運人士進行血腥的驅離行動。依據紅十字會和一些學生組織的報告，軍民衝突共造成 2000 至 3000 人死亡[1]。整個抗議示威從 4 月 15 日開始至 6 月 4 日結束，共持續七週。這就是通稱的「六四民運」、「六四事件」或「天安門事件」。

　　群眾驅散後，中國政府展開一系列打壓活動，包括追捕參與此次事件相關人士、驅散全國各地抗議示威、限制外國新聞社採訪活動、檢查國內媒體報導等。很多曾公開對抗議群眾表示理解和同情的共黨黨內人士遭到批判，趙紫陽等一些高級幹部遭到軟禁。

　　1989 年 6 月 5 日，當時歐盟前身，計有 12 個成員國的歐洲共同體執委會表示：「對於受苦折磨的北京人民遭到鎮壓表示遺憾」，並

---

[1]　死亡數字流傳有多種版本，莫衷一是。有官方報導稱死亡學生約 360 人，不過海外媒體報導則多稱死亡人數在千人以上。網路可見整理出的 16 種版本，參考：封從德.2005.「六四『天安門事件』（八九學潮）死亡人數說法的各種版本。」http://mypaper.pchome.com.tw/warism/post/1260717206, (24 Feb 2011)

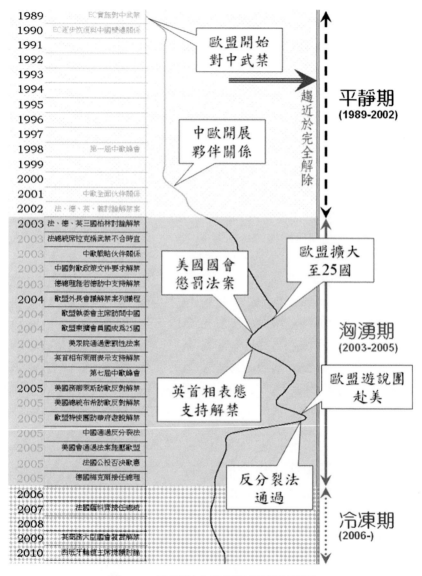

圖 3-1　歐盟對中武禁各階段演進圖

註：圖中曲線愈接近右方雙實線，表示愈接近完全解除武禁。曲線擺動劇烈
　　是落於 2003 年至 2005 年之間，新聞曝光頻率最高，且事件多具決定性。

取消預定 6 月 6 日與中國舉行聯合委員會的高級磋商會議。6 月 6 日，共同體成員國發表公報，強烈譴責中國的「殘酷鎮壓」（brutal repression），對「悲劇極度震驚」，指「嚴重的動亂仍在繼續」，呼籲「中國停止以武力對付北京和全國手無寸鐵的老百姓，立即尋求和平解決辦法」，並同時宣布中斷雙邊貿易[2]。

　　1989 年 6 月 27 日，歐洲共同體各國於馬德里召開領袖會議通過制裁中國，宣告所有會員國採取下列措施：

一、在適當的國際機構內提出中國的人權問題；要求獨立觀察員能參加審判和探望犯人。

二、共同體成員國中止與中國的軍事合作，並禁止與中國進行武器貿易[3]。

三、中斷雙邊部長級和高層交流。

四、推遲共同體及其成員國與中國的新合作案。

五、文化、科學和技術合作計畫僅限於有利改善目前狀況者。

六、成員國得延長中國留學生的簽證。

七、推遲批准新貸款。

　　上述聲明中的第二項即「歐盟對中武器禁運」的原始依據。

　　從天安門事件發生的 1989 年至 2002 年，國際社會少有關注「歐盟對中國武器禁運」的存在。在這段期間，歐盟因冷戰結束（1990s）、單一市場整合（1992 年）、巴爾幹危機（1996 年至 1999 年間科索沃戰爭）、歐盟東擴（1990、1992、1995、2004、2007 年）、911 恐怖攻擊（2001 年）等事件無暇他顧。而中國則在鄧小平南巡（1992 年）後大力發展「中國特色社會主義市場經濟」，應付亞洲金融危機（1997 年）。兩岸議題上則有辜汪會談（1992 年）、台海導彈危機（1996 年）等重大事件。

---

[2]　參考 Wikipedia, http://zh.wikipedia.org/wiki/%E5%85%AD%E5%9B%9B%E4%BA%8B%E4%BB%B6, (15 Jun 2011)

[3]　原文為 "interruption by the Member States of the Community of military cooperation and an embargo on trade in arms with China"

歐盟因 1989 年天安門事件而對中國實施的制裁，除武器禁運條款繼續生效外，其餘包括中止部長級接觸、推遲新的合作、減少文化科學技術方面等交流，迄 1990 年 10 月都予取消。1990 年代末期，中國已提出要求歐盟解除武器禁運[4]，2000 年中國官方首次正式向歐盟提出解禁要求[5]，但在 2002 年之前，「歐盟對中武禁」議題幾乎未引起關注，不曾浮上過檯面。

　　不過，本階段中國連年挹注高額國防預算進行解放軍現代化，軍力快速擴張開始受到國際社會重視。其時間點或可由美國國會開始要求五角大廈提交年度「中華人民共和國軍力報告書」（Military Power of the People's Republic of China）來作認定。在會計年度 2000 年通過的《國防授權法案》[6]第 1202 節規定：美國國防部每年須向國會就「中國現今與未來的軍事戰略」作報告[7]。

　　可以說，1996 年飛越過台海上空的導彈，已讓世人注意到解放軍令人驚訝的發展，美國、日本及台灣更早對中國軍力迅速的擴張高度警覺。2000 年開始要求提報「中華人民共和國軍力報告書」，具體說明中國在軍事現代化的努力已獲重視，解放軍再非昔日阿蒙。

第二節　洶湧期（2003-2005）

　　無風不起浪，原本平靜無波 10 餘年的「歐盟對中武禁」，2003 年至 2005 年間在中國施壓，德國、法國作推手以及各方勢力的角鬥下頓時發燒。解禁案不僅在歐盟內部引起波瀾，甚至跨過大西洋使歐盟與美國長久的夥伴關係趨於緊張，亞洲的日本、台灣也紛紛關切表態，成為國際關注的議題。

[4]　Franco Algieri,"It's the system that matters: Instititionalization and making of EU policy toward China."in *China-Europe relations: perceptions, policies and prospects*, edited by Eberhard Sandschneider David L. Shambaugh, Hong Zhou, 2008, p.78

[5]　Jerker Hellstrom,"The EU Arms Embargo on China: a Swedish Perspective", *Swedish Ministry of Defence* http://www2.foi.se/rapp/foir2946.pdf (9 Apr 2011), p.15

[6]　National Defense Authorization Act for Fiscal Year 2000, Public Law 106-65

[7]　作者註：美國國防部出版首部「中共軍力報告書」則是在 2003 年所發表。

2003 年至 2005 年間，觀察歐盟對中國的政策走向，不論從政治或經濟角度著眼，歐盟似有充足理由一舉解除對中國武器禁運。從戰略上來看，2003 年中歐由「全面夥伴關係」提昇為「全面戰略夥伴關係」；從經濟上來看，2004 年歐盟成為中國最大的貿易夥伴，而中國則上升為歐盟的第二大貿易夥伴（僅次於美國），並且中國成為歐盟最大的貿易逆差國；從社會、文化上的交往來看，「文化年」等活動熱烈舉辦，中歐正處於媒體所稱的「蜜月期」。

2003 年 10 月 13 日，中國政府首次發表《中國對歐盟政策文件》，列於全文最後的「軍事方面」，公開要求：「歐盟應早日解除對華軍售禁令，為拓寬中歐軍工軍技合作掃清障礙[8]」。2003 年 12 月 4 日，中國外交部發言人劉建超在記者會上說：「歐盟對華軍售禁令是冷戰的產物，與當前中、歐全面夥伴關係很不相稱，希望歐方儘早解決這一問題，為雙邊關係的全面發展掃清障礙[9]。」

一些歐洲國家的政治領袖也重新檢討「歐盟對中武禁」政策是否不合時宜。法國總統席哈克（Jacques René Chirac）為首的意見領袖，認為「對中武禁」已然過時，無法反應當前的地緣政治現實，且歐盟需要與中國建立一個完整的戰略夥伴關係，而這樣的戰略關係不應存有懲罰機制[10]。

法國在這一階段中是主張解禁最力的國家。2004 年是中法建交 40 週年，法國因此定 2003 年 10 月至 2004 年 7 月為「中國文化年」；中國也定 2004 年 10 月至 2005 年 7 月為「法國文化年」，兩國在 2004 年至 2005 年間交往異常熱絡。2004 年 1 月 26 日至 29 日，中國國家主席胡錦濤對法國進行國事訪問（法國是此行唯一訪問的歐洲國家，其餘三國位於非洲）。胡錦濤抵達巴黎當天，法國成功推動將解除對中武禁排入歐盟春季議程，作為胡訪問法國的見面禮。

---

[8] 《中國對歐盟政策文件》，*中華人民共和國外交部*（13 Oct 2003）。

[9] 「中國促請歐盟解除軍售禁令」，*BBC News,* (4 Dec 2003), http://news.bbc.co.uk/chinese/trad/hi/newsid_3290000/newsid_3291100/3291147.stm (15 Dec 2008)

[10] 吳志中，「歐盟意圖解除對中國武器禁運的緣由與未來發展之研析」，《*新世紀智庫論壇*》第 29 期，（30 Mar 2005），p. 26。

德國也是另一個本階段主張解禁的歐洲大國。總理施若德極力推動解除武禁，他甚至表示中國的人權紀錄已獲明顯改善。

　　英國雖然傳統上是美國在歐洲最緊密的盟友，但在解除對中禁運議題上，最初則表現出開放的態度，並未極力反對。英國外交部官員2003 年 12 月在北京表示，歐盟具有其他手段，能確保中國不把新購買的歐洲武器用來對付台灣，或者用於國內鎮壓。這段談話雖在北京發聲，卻更像是向華府喊話。2004 年 6 月，英國首相布萊爾首次表示，計畫解除已經持續 15 年的對中軍售禁令。

　　伊拉克戰爭期間被美國稱為「老歐洲」的法國和德國大力推動解禁，似也得到「很多」歐盟國家的支持，只有丹麥、瑞典和荷蘭不太情願，聲稱中國在人權方面沒有取得足夠的進展[11]。

　　2003 年底，美國白宮及國防部官員開始注意到歐盟可能解除對中國武器禁運。2004 年初，美國在愛爾蘭擔任歐盟輪值主席國期間，派遣特使對解禁案表達關切。2004 年 5 月，歐盟東擴，中、東歐等 10 國入盟，會員國成為 25 國。一般觀察認為，歐盟的新成員國普遍親美，使美國大大增加在歐盟決策上的影響力。同月，美國眾議院軍事委員會通過決議案，對出售武器給中國的國家限制軍備及敏感技術的輸出，也禁止美國政府機關（主要是五角大廈）與過去 5 年曾軍售中國的公司來往[12]。2004 年 6 月，「美中經濟安全審議委員會」（US-China Economic and Security Review Commission）警告：中國一旦獲得歐洲技術，將加速現代化且軍力大幅增長；2004 年下半年，美國參議院共和黨政策委員會主席瓊·凱爾（Jon Kyl）積極關注解禁案發展並對白宮施壓。

　　2004 年底，中國強力地關說使許多歐盟成員國轉而支持解禁[13]。2004 年 12 月 8 日，第 7 屆中歐高峰會議在荷蘭海牙舉行。中國及歐

---

[11] 「歐盟討論解除對華軍售禁令」，*BBC News,* (26 Jan 2004), http://news.bbc. co.uk/chinese/trad/hi/newsid_3420000/newsid_3424900/3424953.stm (15 Dec 2008)

[12] Mark Bromley Siemont Wezeman, *SIPRI Yearbook 2005: Armaments, Disarmament and International Security,* (2005), p.441

[13] François Godement John Fox, *A Power Audit of EU-China Relations,* European Council On Foreign Relations (2009a), p. 29

盟部分國家都盼望於該次峰會能一舉解除武禁[14]，惟解禁案並未如預期於會中獲得通過，當時已有 25 個會員國的歐盟僅表示具備「繼續朝解禁目標努力的政治意願」。

2004 年 12 月 15 日，未具名的歐洲外交官表示，最終將解除武禁的趨勢已經形成，只是時間「尚未確定」[15]。2004 年 12 月 17 日，歐洲理事會（European Council）表示將於數月內對解除武禁案作最後決定，但結果「不應造成歐盟會員國對中國軍備輸出在質、量上的增加」[16]。

2005 年初，種種跡象顯示歐盟會員國間似已建立足夠的共識，傳出 2005 年 5 月或 6 月即可達成取消對中武器禁運的決議。2005 年 2 月下旬，美國加大力道施壓，小布希總統進行訪歐之旅時，公開在歐盟總部所在的布魯塞爾表示「嚴重關切」：歐盟若解除對中國武器禁運，將助長中國之軍事科技現代化，並破壞台灣海峽的軍事平衡。

2005 年 3 月 14 日，中國第 10 屆全國人民代表大會第 3 次會議通過《反分裂國家法》，第 8 條中宣示：「『台獨』分裂勢力以任何名義、任何方式造成台灣從中國分裂出去的事實，或者發生將會導致台灣從中國分裂出去的重大事變，或者和平統一的可能性完全喪失，國家得採取非和平方式及其他必要措施，捍衛國家主權和領土完整。」

正當《反分裂國家法》通過之際，由歐盟「共同外交暨安全政策」高級代表索拉納的私人代表賈內拉（Annalisa Giannella）率領的歐盟代表團，抵達華府訪問。訪團主要的目的是要向美國解釋歐盟擬解除對中國武器禁運的立場及作法：既不會影響亞洲的軍事平衡，也不會造成武器擴散惡化，更不會使美國轉移給歐洲的先進軍事技術外流。

2005 年 4 月及 5 月，美國行政部門持續施壓歐盟，多名官員發表措詞強烈的警告[17]。歐盟則對《反分裂國家法》做出反應，譴責採

---

[14] Gabrielle Kohlmeier, "EU Eyes Lifting China Arms Embargo", *Arms Control Today 34, 7,* (Sep 2004)

[15] Wade Boese, "EU Retains China Arms Embargo", Ibid.*35* (January/ February 2005), http://www.armscontrol.org/act/2005_01-02/EU_China, (1 Oct 2009)

[16] Ibid.

[17] 包括美國國務院次卿尼古拉斯・伯恩斯（Nicholas Burns）、副國務卿佐立克

用所謂的「非和平方式」，反對任何一方使用武力，指中國通過該法無助於區域穩定。2005 年 5 月 20 日，英國外長史卓（Jack Straw）說：由於中國人權狀況並未改善，以及《反分裂國家法》新近通過「已造成困難的政治環境」[18]，解禁之議因而功虧一簣。2005 年 6 月，由於成員國意見分歧以及中美兩國頻頻施壓，歐盟僅再重申 2004 年 12 月的聲明，但既不談解禁，也不說維持，形成所謂的「非決定」（non- decision）[19]。

第三節　冷凍期（2006-）

隨著親中的德國總理施若德、法國總統席哈克陸續下台，貿易保護、人權議題、歐洲領袖會見西藏精神領袖達賴喇嘛、2008 年奧運聖火傳遞衝突等等事件，使得中國與歐盟在經貿文化各項交流合作不斷加強的同時，分歧和磨擦亦相對增多。

2005 年下半年後，「歐盟解除對中武禁」議題幾乎在歐盟議程中消失，由於意見分歧及敏感，歐盟會員國除被動因應中國的要求外，均不願意主動碰觸或重啟此一議題。2006 年至 2010 年，儘管中國仍在中歐峰會提出解除武禁，但歐盟漸採冷處理方式因應，該案實質「冷凍」（freezing）中[20]。從 2004 年至 2009 年中歐峰會的聯合宣言，亦可略窺此一趨勢（**參考表 3-1：歷屆中歐峰會聯合新聞稿有關解禁論述**）。

（Robert Zoellick）、國防部主管國際安全事務的助理部長彼得‧羅德曼（Peter Rodman）、國務卿萊斯（Condoleezza Rice）均曾就此發言。

[18] Kristin Archick, Richard F. Grimmett, and Shirley Kan, "European Union's Arms Embargo on China: Implications and Options for U.S. Policy", *Congressional Research Service* (27 May 2005), p. CRS-7

[19] May-Britt U. Stumbaum, *The European Union and China, Decision-Making in EU Foreign and Security Policy toward the People's Republic of China, Nomos* (2009), p.179

[20] 作者 2008 年 1 月與歐洲某國武器輸出管制部門官員會談，該部門主管 M 先生以該字形容對中武禁最新發展。（參考附錄一：與歐盟成員國政府官員會談紀要）

表 3-1　歷屆中歐峰會聯合新聞稿有關解禁論述

事件總數：7

統計時間：2003-2010

項次	檔案名稱	年月日	有關解除軍售禁令論述
1	中國對歐盟政策文件	2003.10	歐盟應早日解除對華軍售禁令，為拓寬中歐軍工軍技合作掃清障礙。
2	中歐聯合新聞公報	2004.5.6	中方領導人注意到歐盟內部正在討論可能解除對華軍售禁令問題，並希望歐方儘快做出解禁的決定，以進一步加強中歐之間的政治互信與合作。
3	第七次中歐領導人會晤聯合聲明	2004.12.8	The EU and China confirmed that EU-China relations in all aspects have developed significantly in the last years. In this context they discussed the issue of the EU arms embargo against China. The EU side confirmed its political will to continue to work towards lifting the embargo. The Chinese side welcomed the positive signal, and considered it beneficial to the sound development of the comprehensive strategic partnership between China and the EU. Both sides reiterated their positions and agreed to continue consultations on this issue. China reaffirmed that political discrimination on this issue was not acceptable and should be immediately removed. The EU reaffirmed that work on strengthening the application of the European Union Code of Conduct on arms exports was continuing. 中國和歐盟確認中歐關係近年來在各個領域取得顯著進展。在此背景下，雙方討論了歐盟對華軍售禁令問題。歐方確認，歐盟有解除禁令的政治意願，並將為此繼續努力。中方歡迎此積極信號，認為這有利於中歐全面戰略夥伴關係的良好發展。雙方重申了有關立場，同意繼續就此問題保持磋商。中方再次強調，在此問題上的政治歧視是不可接受的，應予立即消除。歐方重申加強歐盟武器出口行為準則實施的工作正在繼續。
4	中國和葡萄牙發表聯合新聞公報	2005.1.13	中葡重申歐盟儘早解除對華軍售禁令對促進鞏固中歐雙邊政治關係所具有的意義。葡方表示，將根據去年 12 月 8 日第七次中歐領導人會晤上歐盟採取的立場，為實現這一目標做出努力。
5	第八次中歐領導人會晤聯合聲明	2005.9.5	Leaders discussed the EU arms embargo. The Chinese side was of the view that lifting the arms embargo would be conducive to the sound development of the China-EU comprehensive strategic partnership and urged the EU to lift the arms embargo at an early date. The EU side reaffirmed its willingness to continue

			to work towards lifting the embargo on the basis of the Joint Statement of the 2004 EU-China Summit and the subsequent European Council Conclusions on this subject. 雙方領導人討論了歐盟軍售禁令問題。中方認為，解除軍售禁令有利於中歐全面戰略夥伴關係的良好發展，敦促歐方儘早解除軍售禁令。歐盟確認其繼續朝著解禁方向努力的意願，並將在2004年中歐領導人會晤聯合聲明及歐洲理事會有關該問題的結論的基礎上繼續工作。
6	第九次中歐領導人會晤聯合聲明	2006.9.9	Leaders also discussed the EU arms embargo. The Chinese side reiterated its view that lifting the arms embargo would be conducive to the sound development of the EU-China relations and urged the EU to lift the arms embargo at an early date. The EU side recognized the importance of this issue and confirmed its willingness to carry forward work towards lifting the embargo on the basis of the Joint Statement of the 2004 EU-China Summit and subsequent European Council Conclusions. 雙方領導人也討論了歐盟軍售禁令問題。中方重申，解除軍售禁令有助於中歐關係的健康發展，並敦促歐盟儘早解禁。歐盟承認此問題的重要性，並確認願在2004年中歐領導人會晤聯合聲明以及此後的歐盟首腦理事會結論的基礎上，向解除禁令的目標推進工作。
7	第十次中歐領導人會晤聯合聲明	2007.11.28	Leaders also discussed the EU arms embargo. The Chinese side reiterated its view that lifting the arms embargo would be conducive to the sound development of the EU-China relations and urged the EU to lift the arms embargo at an early date. The EU side recognised the importance of this issue and confirmed its willingness to carry forward work towards lifting the embargo on the basis of the Joint Statement of the 2004 EU-China Summit and subsequent European Council Conclusions. 雙方領導人還討論了歐盟軍售禁令問題。中方重申，解除軍售禁令有助於中歐關係的健康發展，並敦促歐盟儘早解禁。歐盟承認此問題的重要性，並確認願在2004年中歐領導人會晤聯合聲明以及此後的歐洲理事會結論基礎上，向解禁的目標推進工作。

整理：梁正綱

製表時間：3 Apr 2011

資料來源：新華網 http://www.news.cn/、歐盟網站 http://www.consilium.europa.eu

2006 年 9 月，第 9 屆中歐峰會在芬蘭首都赫爾辛基舉行，歐盟沒有按照中國期望，在承認其「市場經濟地位」或軍售解禁等議題上讓步。知名智庫慕尼黑大學應用政策中心研究員阿爾傑里（Franco Algieri）分析說，前次峰會所達成解除對中國軍售禁令的共識暫遭擱置，顯示：歐盟面對中國更有自信，態度也更強硬[21]。

2009 年 5 月 20 日，第 11 屆中歐峰會在捷克布拉格召開。媒體雖然報導：雙方討論議題包括解除軍售禁令[22]。惟會後發表的聯合新聞公報，卻係自 2004 年以來首度未出現「解禁」相關字句。

2009 年 7 月 9 日，英國商務大臣彼得·曼德爾森（Peter Mandelson）在國會發言，提出歐盟應另謀他法取代對中武器禁運。2009 年 9 月，曼德爾森在北京中央黨校演講，呼籲中國如果希望歐盟武器禁運能夠解除，就應該關注人權狀況。他說：「如果希望我們改變主意，朝有利於中國期盼方向來積極檢討武禁的存在必要，那麼我們必須來談在中國內部的政治權利和表達自由，因為這些不可避免地與歐洲人民及決策者的想法相關連」[23]。

2010 年上半年西班牙輪值歐盟主席國，西班牙駐北京大使卡羅斯（Carlos Blasco Villa）在 2010 年 1 月 21 日接受 China Daily 採訪時說：西班牙將呼籲歐盟成員國重新檢討解除對中武禁案[24]。隨後西班牙外長莫拉提諾（Miguel Angel Moratinos）也在理事會會議中提出：將對解除武禁案「權衡利弊」。根據「維基解密」獲自美國駐倫敦大使館並公布的文件顯示，事件發生後西班牙官員回應英國詢問時表示：是媒體不當引用大使的談話，卡羅斯只是強調解禁案歐盟正在檢

---

[21] 林育立，「學者：中歐峰會歐盟對中國態度比過去強硬」，大紀元（11 Sep 2006），http://www.epochtimes.com/b5/6/9/11/n1450607.htm（1 Sep 2009）

[22] 姚毅婧，「溫家寶參加中歐峰會批駁中美共治全球論」，中國廣播網（21 May 2009），http://big5.cri.cn/gate/big5/gb.cri.cn/27824/2009/05/21/3785s2516452.htm（3 Sep 2009）

[23] Tania Branigan, "China must tackle human rights, Mandelson says", *Guardian* (8 Sep 2009), (9 Sep 2009)

[24] Gerrard Cowan, "Spain looks to end EU's arms embargo on China", 《JDW, Jane's Defence Weekly》 (3 Feb 2010), p.14

討中（under review by the EU），與 2004 年 12 月歐盟決議並不衝突。洩密文件中也指出：如果歐盟積極考慮做出改變，英國將要求歐盟27 個會員國一同討論，也會諮詢美國及日本等區域夥伴的意見[25]。

　　2010 年 8 月，歐盟外交與安全政策高級代表兼歐盟委員會副主席（「歐盟外長」）凱瑟琳・艾希頓（Catherine Ashton）率團訪問中國，與國務委員戴秉國共同出席 9 月 1 日於貴陽舉行的「中歐戰略對話」。訪問中國前，凱瑟琳接受《中國日報》書面採訪。論及解除武禁案時，凱瑟琳僅表示：「2004 年 12 月，歐盟領導人向中國承諾將解除對華軍售的禁令，這一立場沒有改變。我們將歐盟其他夥伴的正當利益和該地區的總體政治形勢，納入考慮也是正常的。」

　　總之，不論是曼德爾森或是莫拉提諾等政治人物零星的發言，都只形成小小漣漪，未能形成深遠迴響。

小結

　　天安門事件發生後不久，冷戰便宣告結束。「後冷戰時期」的特色之一是美國成為世界超強，而其他區域強權如中國、歐盟、俄羅斯、印度及日本無不思索如何在此多極 vs.單極的全球新格局中保障自身利益。

　　武禁案形成爭議與「**中國崛起**」存在連動關係。2000 年以前，中國綜合國力尚未引起世人足夠的重視，歐盟對中國自天安門事件以來，持續多年的武器禁運，就連中國本身也不太在意。但隨著持續的經濟起飛、快速的軍力擴張，中國的國際影響力及戰略地位愈形重要，自信心也獲得增強，於是歐盟「對中武禁」成為焦點，是「過時」、「歧視」的政策，也是雙邊關係發展的「絆腳石」。

25　Embassy London, "UK on EU Arms Embargo on China: Smoke but No Fire", *The Telegraph* (18 Feb 2010), http://www.telegraph.co.uk/news/wikileaks-files/london-wikileaks/8304910/UK-ON-EU-ARMS-EMBARGO-ON-CHINA-SMOKE-BUT-NO-FIRE.html (9 Apr 2011)

　　1989 年至 2002 年間的「**平靜期**」，正好也是中國與歐盟各自關注於內部發展的時期。歐盟經歷多次擴大，吸納更多成員國；中國致力改革開放，不僅使大陸成為「世界工廠」，連續快速的經濟成長及巨大的市場規模吸引全球目光。本階段雙方實力都不夠成熟，歐盟在巴爾幹半島危機後，摸索著外交、安全上的發展道路，中國的當務之急也不在加緊拓展中歐雙邊關係，因此中歐戰略深化的客觀環境雖具條件，但仍不全然就緒。

　　2002 年至 2005 年的「**洶湧期**」，歐盟在政經擴大整合上已初具規模。2002 年 1 月 1 日，新的歐元貨幣啟用，是自羅馬帝國以來歐洲貨幣最為重大的改革，不僅僅使歐洲單一市場得以完善，歐元區國家間自由貿易益形便利，而且更是歐盟一體化進程的重要組成。而「中國崛起」正方興未艾，2003 年中國發表的《中國對歐盟政策文件》是雙方有意深化關係的指標，適值美歐因入侵伊拉克等事件交惡，歐盟與中國隱含平衡美國獨霸的戰略合作便水漲船高，成為解禁的觸媒。

　　「解除對中武禁」更深一層的意義，在驗證歐洲國家是否能擺脫美國的制約，走出自己的戰略格局。但美國畢竟仍是全球超強，儘管在出兵伊拉克等議題上採行「單邊主義」，與歐洲國家多有齟齬，但美歐是多年盟友且具有共同價值觀。美國的強力干預使歐盟左右為難，2005 年 3 月的《反分裂國家法》讓歐盟得以借力使力，眼看著就要拍板定案的解除禁運瞬時雲淡風輕，高潮迭起後又復歸沈寂。

　　2006 年至 2010 年的「**冷凍期**」，「解禁案」似乎進入冬眠。

　　分析武禁的發展（參考圖 3-1：歐盟對中武禁各階段演進圖），圖中右方雙實線代表武器禁運可完全解除，由各不同事件影響所描繪的趨勢線，越向右即代表越接近解除武禁。可以看出：

- 在 2002 年以前（「平靜期」）武禁的不受重視。
- 2003 至 2005 年間（「洶湧期」）的起伏震盪，其中，歐盟派出遊說團前往華府前後是最接近解禁的時機。
- 2006 年以後雖進入「冷凍期」，但趨勢線已不再如「平靜期」階段離解禁如此遙遠。

第四章

特性：歐盟對中武禁與眾不同

"We don't want to deal with China with sanctions,
we want to deal with China as a country
in the international community."

——Javier Solana（歐盟 CFSP 高級代表）

　　歐盟本身已發展成為一前所未有、獨特的國際組織，在對外政策的制定及執行上，類似傳統「國家」的外交功能但卻仍存有差異，這樣的特色自然也反應在「武器禁運」議題上。對中國開始實施軍售禁令又肇始於歐盟雛型初具時期，相關機制、程序、法律並不成熟完備。解除武禁議題發燒後，上述特性與現象遂引起廣泛關注及討論。

　　本章將歐盟對中國以及對其他國家所施行的武器禁運進行比較，分析其相同及相異之處，藉以突顯歐盟對中武禁存在的特殊性。

第一節　共同性

　　本節從「禁運」及「武器禁運」定義著手，探討歐盟在對其他國家實施武器禁運時的一般通則。

　　禁運（**embargo**）是指對某國停止貿易和商業往來，孤立該國期使其內部陷入困境而屈服。在某種程度上，禁運與封鎖（blockade）類似。

　　禁運可以是制裁（sanction）方式之一。近年來，歐盟也與聯合國安理會一樣，運用於制裁的方式包括：武器禁運（arms embargoes）、經濟及金融制裁（economic and financial sanctions）以及簽證核發、旅遊禁令的進出限制（restrictions on admission）等[1]。

　　武器禁運（**arms embargo**）泛指禁止武器及軍備買賣、交易及流通，管制項目通常也包含所謂「軍民兩用」（dual-use）的裝備[2]。

　　1992 年，歐盟會員國簽訂《馬斯垂克條約》（Treaty of Maastricht），即《歐盟條約》（TEU, the Treaty on European Union），確立三個支柱[3]。支柱之一的「共同外交暨安全政策」（CFSP, Common Foreign & Security Policy）中敘明，實施武器禁運的內容包括：

---

[1]　參考歐盟執行委員會對外關係網站。http://ec.europa.eu/external_relations/
[2]　參考 Wikipedia。Dual-use（軍民兩用）係指既可用於和平用途，也能用於軍事目的的產品、技術。
[3]　歐盟三個支柱（Three pillars of the EU）：第一支柱為「歐洲共同體」各機構，涉及經濟、社會、環境等政策。第二支柱為「共同外交暨安全政策」，涉及

- 禁止出售、提供、輸送或出口所有型式的軍火及相關物資，包括武器及彈藥、軍用車輛及裝備、輔助軍事（paramilitary）裝備及零配件等。
- 禁止籌資、財務援助、技術協助、仲介以及與軍事活動有關的其他服務。
- 禁止提供、製造、維修及使用所有型式的軍火及相關物資。

2000 年 6 月 13 日，歐盟羅列整理出較為詳細的「共同軍事清單」（Common Military List of the European Union）[4]，並分別於 2005 年 4 月 25 日、2007 年 3 月 19 日以及 2008 年 3 月 10 日做出增訂，供成員國遵循參考。歐盟武器禁運的管制品項，最少必須要能涵蓋「共同軍事清單」內所列各項。

歸納起來，歐盟的武器禁運，具備的共同特色有：

一、配合聯合國安理會決議

歐盟絕大多數宣告或修訂的武器禁運，係配合聯合國安理會決議案實施。

二、多設有實施期限

依據《歐盟條約》第 15 條[5]，制裁實施的法定程序，必須經理事會成員國無異議通過並公布「共同立場文件」（Common Position）。

外交、軍事等政策。第三支柱為「刑事領域警務與司法合作」，涉及共同合作打擊刑事犯罪。2009 年 12 月里斯本條約生效後，三個支柱的設計亦作調整。

[4] 參見歐盟理事會「制裁實施綱領」*Guidelines on implementation and evaluation of restrictive measures (sanctions) in the framework of the EU Common Foreign and Security Policy, Council Of the European Union* (2 Dec 2005), p.19

[5] 第 15 條（Article 15, THE TREATY ON EUROPEAN UNION）屬於共同外交暨安全政策部分，原文為：The Council shall adopt common positions. Common positions shall define the approach of the Union to a particular matter of a geographical

有關武器禁運的「共同立場文件」多設有期限，期限屆滿前或每年重新檢討施以禁運原因是否消失，必要時再以新的「共同立場文件」延長或修訂禁運期程。

三、武禁常最後解除

歐盟對他國實施制裁通常亦附帶武器禁運。由於軍火武器敏感性高，武器禁運項目經常在其他制裁措施都解除後仍可能延續（如伊拉克、利比亞）。

四、禁止項目規定詳細

「共同立場文件」會詳列禁運武器項目，如軍火、軍需及其他相關裝備等。對於違反「大規模殺傷性武器」擴散的國家（如伊朗、北韓），武器禁運條款會特別強調：必須禁止相關「軍事科技」部分的出口、轉移。

五、武禁授權各國自行執行

依據《歐洲共同體條約》第 296 條，允許軍用物資禁運由各會員國自行實施[6]。共同文件通過的各項制裁措施中，金融及技術協助的制裁統由歐盟規範執行，武器禁運以及簽證核發，則交由各國自行依

---

or thematic nature. Member States shall ensure that their national policies conform to the common positions.

[6] 原條文（Article 296, the Treaty establishing the European Community）為：any Member State may take such measures as it considers necessary for the protection of the essential interests of its security which are connected with the production of or trade in arms, munitions and war material; such measures shall not adversely affect the conditions of competition in the common market regarding products which are not intended for specifically military purposes.

據本國法律執行[7]。如德國即將禁運完全納入國內法規範執行；法國則部分由國內法規範，主要還是置於歐盟超國家層級處理[8]。

六、解除武禁需所有會員國一致通過

以 2009 年 10 月歐盟解除烏茲別克（Uzbekistan）武器禁運為例，需歐盟 27 個會員國一致同意[9]。

第二節　特殊性

歐盟對中國的武器禁運，與同受武禁制裁的其他國家相比較（**參考表 4-1：歐盟實施武器禁運國家比較表**），凸顯出幾項特殊性，茲分析如下：

一、僅宣告即開始實施

歐洲共同體（歐盟前身）僅以寥寥數語的簡短政治聲明，即開始對中國實施武器禁運，與其他受禁運國家相較最顯特殊。歐盟武器禁運程序一般皆以共同立場（Common Position）、理事會法規（Council Regulation）、執委會法規（Commission Regulation）等官方文件正式昭告，有一套完整的法制化規範。儘管如緬甸（Myanmar）、伊朗、伊拉克等少數國家，雖也是先經由政治宣告即開始實施武禁，但隨後仍會通過及公布「共同立場文件」進行確認。獨獨歐盟對中國之武器禁運程序僅止於政治宣告，與任何聯合國決議案亦均無關聯。

---

[7]　參考歐盟執委會網站，http://ec.europa.eu/external_relations/cfsp/sanctions/index. htm#6 (10 Sep 2009)

[8]　May-Britt U. Stumbaum, *The European Union and China, Decision-Making in EU Foreign and Security Policy toward the People's Republic of China*, Nomos (2009), p.174

[9]　Martin Banks, "Concern Over Possible Lifting of China Arms embargo", *theparliament. com* (12 Feb 2010), http://www.theparliament.com/latest-news/article/newsarticle/ concern-over-possible-lifting-of-china-arms-embargo-1/ (24 Sep 2010)

　　然而，1989 年一紙宣告而啟動的制裁，代表著卻是一項政治承諾，所有歐盟國家仍遵守施行。

二、《歐盟條約》前唯一武禁

　　1992 年簽署的《馬斯垂克條約》又稱《歐盟條約》，該約加快歐盟整合腳步，歐盟（EU, European Union）的正名也始於當時。歐盟《馬斯垂克條約》在安全事務上要求獨立自主與突出歐洲特性，以「共同外交暨安全政策」（CFSP, Common Foreign and Security Policy）為外交及軍事事務的準繩，但仍未就「對中武禁」以共同立場（Common Position）等官方文件再加確認。

　　「歐盟對中武禁」成為歐盟唯一在 1992 年《馬斯垂克條約》簽署前即開始實施的對外武器禁運。

三、無法律效力

　　由於是政治宣告，與其他歐盟對外武器禁運明顯不同。歐盟對中國的武器禁運僅具建議（recommendation）性質，缺乏完整法律效力（not legally binding）。倡議解除武禁者據此批評「歐盟對中武禁」僅具象徵意義。

四、沒有截止日期

　　歐盟事涉禁運之「共同立場文件」多載明實施期限，對中武器禁運的一紙宣告則未律定效期。

　　此外，歐盟對如緬甸、辛巴威（Zimbabwe）等其他國家所實施的武器禁運，原則上定期（每年）重新審認，檢討禁運的原因是否已消失，禁運的規模是否需調整等。「歐盟對中武禁」則只有歐洲理事會所表達的政治意向（political will），無定期審認檢討的依據。

五、執行期程最長

若不計其他制裁方式，中國在歐盟武器禁運國家中，期程之長名列前茅（**參考表 4-1：歐盟實施武器禁運國家比較表**）。迄 2009 年 7 月，對中武器禁運實施已逾 20 年，緬甸、利比亞都排名於後[10]。

六、制裁項目留下半套

迄 2010 年，在 1989 年 6 月 27 日歐盟宣告對中國所實施的七項制裁措施中[11]，除持續關注中國人權狀況以及維持武禁兩者外，其餘如推遲合作案、中斷高層訪問等全部不再執行。「天安門事件」發生的翌（1990）年 10 月，理事會及歐洲議會即已決定逐步恢復雙邊關係；至 1992 年，除軍售禁令外，雙邊互動交流皆已回復常軌[12]（**參考附錄三：歐盟對中武器禁運大事紀**）。

制裁宣言中第一項的敦促改善人權及第二項的「中止軍事交流及禁止武器貿易」都只執行半套，近年來不僅中國國家領導人多次訪問歐洲，解放軍高級將領亦絡繹於途。

七、武禁效度受質疑

歐盟的「軍備」定義一般涵蓋四大類產品，包括：
- 用於殺傷的武器和彈藥，如槍砲和坦克等。
- 武器平臺，如飛機和戰艦等。

---

[10] 歐盟對利比亞的制裁除武器仍維持禁運外，其餘制裁 1999 年已全部解除。參考：歐盟共同立場文件 Common Position 99/261/CFSP (16 Apr 1999)

[11] 參見第三章第一節。

[12] 與歐盟對照，日本及澳大利亞因天安門事件對中國的制裁措施則係一次全部解除。參考：Eberhard Sandschneider, "Is China's military modernisation a concern for the EU?" in *Facing China's rise: guidelines for an EU strategy*, edited by Marcin Zaborowski, Paris: *European Union Institute for Security Studies* 2006 p. 44

■ 非武器平臺，如具有軍事用途的車輛等。

■ 其他輔助設備，如具有軍事用途的電子設備等。

由於歐盟 1989 年在對中禁售武器之初，並無「共同立場文件」作律定；既未指明武器禁售是否涵蓋所有軍事項目（如：武器平臺、非致命性武器項目或其零附件等），也未規範執行禁售的措施和程序。2000 年後才訂定的「共用軍事清單」，同樣不完全適用於之前即宣告實施的對中禁運，以致歐盟各國對中武禁的定義、範圍及程度各自表述，解釋不同執行上存有差異。有的國家實施全面禁運，有的則採取排除「致命性武器」在內的非全面禁運，更多的是採取一種不明言的模糊做法。

如英國在 1995 年明確表示，不向中國提供能用作內部鎮壓的武器及軍事裝備，但英國政府也聲明：歐盟對中國軍售禁令，不應涵蓋所有戰略物資，只限於「致命性武器」，如機槍及其彈藥、軍用飛機、直升機、戰艦和戰車等。不斷也有報導指出：部分歐盟成員國將特定軍用物資、裝備出口至中國，此一事實不僅破壞歐盟對中國武器禁運的效力，歐盟的武器管制政策也遭到質疑[13]。

另外，美國與歐盟一樣在天安門事件後開始對中國實施武器禁運，比較兩者最大的不同在美國的禁運有法律效力，範圍清楚界定（清單包括致命以及非致命軍用品項），歐盟成員國則對禁運各自表述，有多種解釋[14]。

有學者指出，由於歐盟「對中武禁」並未嚴謹定義，成員國標準不一，中國可能已自一些「軍民兩用」設備或技術等項目上獲取所需[15]。

---

[13] Kristin Archick, Richard F. Grimmett, and Shirley Kan, "European Union's Arms Embargo on China: Implications and Options for U.S. Policy", *Congressional Research Service* (27 May 2005), p.5

[14] Jerker Hellstrom, "The EU Arms Embargo on China: a Swedish Perspective", *Swedish Ministry of Defence* http://www2.foi.se/rapp/foir2946.pdf (9 Apr 2011), p.38

[15] 參考附錄二：與智庫學者會談紀要。

法國使用之響尾蛇（Crotale）防空飛彈

解放軍仿製的紅旗七（HQ-7）防空飛彈

分別出現在法國、中國閱兵典禮上的短程防空飛彈，可容易發現兩者具有極高的相似度。

圖片來源：

http://www.militaryphotos.net/forums/showthread.php?166874-Tribute-to-French-Air-Force-CROTALE/page14

http://www.militaryphotos.net/forums/showthread.php?166874-Tribute-to-French-Air-Force-CROTALE/page19

表 4-1　歐盟實施武器禁運國家比較表

統計時間：1989.6.1-2009.1.1

受禁對象	原因	相關法源	起始時間	結束時間	期程
緬甸 Burma	迫害人權	Declaration by the General Affairs Council Common Position 95/544/CFSP Common Position 96/635/CFSP Common Position 98/688/CFSP Common Position 2006/318/CFSP Common Position 2007/750/CFSP Council Regulation (EC) No 194/2008 Common Position 2009/351/CFSP Commission Regulation (EC) No 353/2009	1991.7.29 1996.10.28 確認		17 年 5 月
波士尼亞 Bosnia & Herzegovina	內戰 種族清洗	Common Positions 96/184/CFSP Common Position 97/193/CFSP Decision 99/481/CFSP Common Positions 2001/719/CFSP Common Position 2004/293/CFSP Common Position 2004/694/CFSP Council Regulation (EC) No 1763/2004 Commission Regulation (EC) No 1965/2004 Commission Regulation (EC) No 2233/2004 Commission Regulation (EC) No 295/2005	1996.2.26		12 年 10 月

國家	原因	相關法規	政治宣告	生效日期	解除／修訂	期間
中國 China PRC	天安門事件	Commission Regulation (EC) No 607/2005 Commission Regulation (EC) No 830/2005 Commission Regulation (EC) No 1208/2005 Commission Regulation (EC) No 1636/2005 Commission Regulation (EC) No 23/2006 Commission Regulation (EC) No 416/2006 Commission Regulation (EC) No 1053/2006 Council Regulation (EC) No 1791/2006 Commission Regulation (EC) No 789/2007 Commission Regulation (EC) No 738/2008 Commission Regulation (EC) No 895/2008 Council Decision 2008/733/CFSP Common Position 2008/761/CFSP Common Position 2009/164/CFSP	政治宣告 Declaration by the Madrid European Council	1989.6.27		19 年 6 月
剛果 民主共和國 DR Congo	內戰、 盧安達、烏干達入侵	Common Position 2001/374/CFSP Common Position 2002/203/CFSP Common Position 2002/829/CFSP Common Position 2003/680/CFSP Common Position 2005/440/CFSP Common Position 2008/369/CFSP		1993.4.7	2008.5.14 武器禁運對象修訂為非政府團體及個人	15 年 1 月

					年/月
象牙海岸 Côte d'Ivoire	內戰 內部鎮壓	Common Position 2004/852/CFSP Common Position 2006/30/CFSP Common Position 2007/92/CFSP Common Position 2007/761/CFSP Common Position 2008/873/CFSP	2004.12.13		4年
伊朗 Iran	核武器擴散	Declaration Common Position 2007/140/CFSP Common Position 2007/246/CFSP	1997.4.29 2007.2.27		11年 8月
伊拉克 Iraq	2003.7.7 為重建伊拉克除武器 軍需外解除其他禁運	Declaration No.56/90 Common Position 96/741/CFSP Common Position 2002/599/CFSP Common Position 2003/495/CFSP Common Position 2004/553/CFSP	1990.8.4 1996.12.17 2003.7.7		18年 4月
北韓 North Korea	彈道飛彈試射 核武擴散	Common Position 2006/795/CFSP Council Regulation (EC) No 329/2007 Commission Regulation (EC) No 117/2008 Common Position 2009/573/CFSP Commission Regulation (EC) No 389/2009 Commission Regulation (EC) No 689/2009	2006.11.20		2年 1月
黎巴嫩 Lebanon	2005.2.14 貝魯特發生恐怖份子 爆炸事件	Common Position 2005/888/CFSP Common Position 2006/625/CFSP	2005.12.12	2006.9.15	0年 9月

			2006.9.15 修訂為武器軍需取得對象須先經黎巴嫩政府同意		
賴比瑞亞 Liberia	內戰	Common Position 2001/357/CFSP Common Position 2002/457/CFSP Common Position 2003/666/CFSP Common Position 2003/771/CFSP Common Position 2004/137/CFSP Common Position 2004/487/CFSP Common Position 2007/400/CFSP	2001.5.7		7年7月
利比亞 Libya	1986年開始禁運 1999年解除武器軍需外之其他禁運項目	Common Position 99/261/CFSP Common Position 2004/698/CFSP	1986 1999.4.16	2004.10.14	18年
摩爾多瓦 Moldovan Republic	Transnistria 地區分離運動、內戰	Common Position 2003/139/CFSP Common Position 2004/179/CFSP Common Position 2007/121/CFSP	2003.2.27		5年10月
奈及利亞 Nigeria	迫害人權內戰	Common Position 95/544/CFSP Council Decision 97/820/CFSP Council Decision 97/821/CFSP	1995.12.21		13年
獅子山 Sierra Leone	內戰	Common Position 97/826/CFSP Common Position 98/409/CFSP	1997.12.8		11年

國家	原因	法源	日期	期間
索馬利亞 Somalia	內戰	Common Position 98/300/CFSP Common Position 98/409/CFSP Common Position 2000/455/CFSP Common Position 2002/22/CFSP Common Position 2002/992/CFSP Common Position 2002/960/CFSP Common Position 2007/391/CFSP	2002.12.10	6 年
蘇丹 Sudan	內戰	Council Decision 94/165/CFSP Common Position 2004/31/CFSP Council Regulation (EC) No 131/2004	1994.3.16	14 年 9 月
	豁免非洲聯盟領導之停火委員會武禁	Common Position 2004/510/CFSP	2004.6.10（修訂）	
烏茲別克 Uzbekistan	迫害人權	Common Position 2005/411/CFSP Council Regulation (EC) No 838/2005 Common Position 2005/792/CFSP Common Position 2007/338/CFSP	2005.11.14	3 年
辛巴威 Zimbabwe	迫害人權	Common Position 2002/145/CFSP Common Position 2003/115/CFSP Common Position 2004/161/CFSP Common Position 2007/120/CFSP	2002.2.18	6 年 10 月

製表人：梁正綱
製表時間：27 Aug 2009

資料來源
1. 英國商業部網站 UK Department for Business, http://www.berr.gov.uk/
2. 歐盟委員會對外關係網站 European Commission, http://ec.europa.eu/external_relations/
3. European Council, Annual Report CFSP 1997
4. European Council, Annual Report CFSP 1999

註
本表資料雖力求蒐集完整，惟有關起迄時間計算及法源數量等，受下列因素影響，僅能略估：
1. 不同資料來源迭有衝突，僅能盡量選用官方文件為主，並依現有素材比照研判。
2. 部分禁運係非歐盟（如聯合國）起始，實施期程不易準確判斷。
3. 若干再修訂之共同立場（Common Position）文件雖仍維持禁運，但不再以國家（合法政府）為對象，而係針對如恐怖份子組織、反動團體或個人等作禁運。
4. 本表以「武器」為主，但所謂整套文件則多為更廣義之「制裁」，部分案例屬「全面禁運」，不僅限於武器及軍需品，而解除制裁時則常保留「武器禁運」部分。
5. 實施武器禁運原因多數文件內並未載明，筆者係以該國重要歷史事件發生前後時間對照研判。
6. 已持續實施期程計算至 2009 年 1 月 1 日止。

第三節　複雜性

歐盟對中武器禁運實施十餘年後，一些成員國積極推動重新檢討武禁的存廢，究其根本可說是中國與歐盟關係快速發展下的產物[16]。從事件發展的峰迴路轉，不難發現本案複雜程度甚高。本節從政治面、經濟面、法律面等加以簡析。

一、政治面

倡議解除國家認為禁運已經過時，武禁是深化與中國關係的一項障礙，不利歐盟與中國「戰略夥伴關係」的發展。歐盟共同外交暨安全政策高級代表索拉納表示：維持禁運這麼多年並不公平[17]。又有一派說法，指歐盟與中國均有意藉此塑造成為多極權力中心，合作制衡世界超強的美國。依此構想，則解除武器禁運將有助使中國更強大，能不讓美國一枝獨秀。

二、經濟面

中國成為全世界目光集中焦點，龐大的市場令人覬覦，解除制裁有利於眾多歐洲公司（特別是軍火工業）攫取利益，並可延伸至高速鐵路、通訊、衛星、發電廠或最先進核能電廠等技術交易上。維持禁運，則可能在面對中國蓬勃起飛的經濟時，喪失掉許多貿易機會。此外中國國防預算逐年增高，不斷投入大筆金額用於武器採購，而歐洲國家國防支出則相對萎縮。軍火大餅利益驚人，中國正是歐洲軍火工業前途光明、充滿巨大誘惑的市場。

---

[16] Susan V. Lawrence,"New Cracks in the Transatlantic Alliance", *Far Eastern Economic Review* (12 Aug 2004)

[17] ChinaDaily,"EU official calls China embargo 'unfair'", (24 Mar 2005), http://www.chinadaily.com.cn/english/doc/2005-03/24/content_427647.htm (24 Aug 2009)

三、法律面

如前所述，對中武器禁運法律程序因不完備而存在效力問題，執行上各國自行其是，如果沒有補足相關法制規定，則象徵意義大於實質，不如廢除或另以其他完備法律或機制代之。

小結

禁運實施通常是因對另一國在政策上意見不同，或貿易大幅入超而祭出的懲罰手段。最簡單的「禁運」歷史案例是 19 世紀初，拿破崙為迫使英國屈服，頒布「大陸封鎖令」，不准歐洲大陸各國與英國進行貿易。

武器禁運則可能因為一個或者多個原因造成：

一、對一國或一組織之某種行為（如迫害人權），所傳遞之反對或不贊成信號。

二、在一個可能發生衝突或具有紛爭的區域，保持中立或避免情勢更惡化。

三、對可能使用武力進行內部鎮壓或侵略他國之政權，限制其取得資源。

因天安門事件而開始對中國實施的武器禁運，其動機可歸類至上述第一項，即歐盟以實施武禁發出訊號：不贊同中國政府對天安門抗議學生及群眾的處理方式；不認同中國政府隨後逮捕、拘禁民運人士等不尊重人權之舉措。

第五章

評析：解禁辯論及考量

"If we keep quiet about China, who will be the next country to claim its right to silence and non-interference?"

——Thorbjørn Jagland（挪威諾貝爾委員會主席）
("Why We Gave Liu Xiaobo a Nobel?")

　　歐盟對中武器禁運解除與否成為世界關注議題，各強權紛紛表態關切，2003 年至 2005 年之間辯論尤為熱烈。隨著事態發展，歐盟內部在法、德推動下積極凝聚共識，另一方面也謀求傳統盟友美國的認同。本章試自各方立場及正反意見，分析解禁案諸般影響因素。

第一節　各方立場

　　歐盟各成員國及世界強權國家在「歐盟解除對中武禁」上，所持立場主要以人權、商業利益及戰略安全為著眼點，茲就各方反應及意圖分析如后。

一、中國

　　從溫家寶 2004 年 12 月在第 7 屆「中歐峰會」記者會上的發言內容，即可清楚掌握中國對歐盟武禁的基本立場：「禁運是冷戰產物」；「禁運既不符合中國的現實，又不符合中歐之間的合作夥伴關係[1]」；武器禁運是一項政治歧視。

　　從中國的角度，「天安門事件」已經是事過境遷的陳年老案，原來武器禁運的制裁原因早就已經不存在。

　　前美國國防部主管東亞事務的副助理部長、美國傳統基金會亞洲研究中心主任彼德・布魯克斯（Peter Brooks）曾於比利時布魯塞爾演說中，以下列 5 點分析中國亟欲解除武禁之意圖[2]：

　■ **劃下天安門事件句點**：北京一直努力尋求國際社會能赦免或淡忘天安門血腥鎮壓事件。如：前共黨總書記趙紫陽 2005 年 1 月 17 日的

---

[1]　Voice of America，「中歐峰會閉幕軍售禁令未解除」，*Voice of America* (8 Dec 2004), http://www.voanews.com/chinese/archive/2004-12/a-2004-12-08-24-1.cfm?moddate=2004-12-08 (29 Aug 2009)

[2]　Peter Brookes, "The Lifting of the EU Arms Embargo on China: An American Perspective", *The Heritage Foundation* (2 Mar 2005).

逝世，中國官方評價是：「在 1989 年春夏之交的政治風波中，趙
紫陽同志犯了嚴重錯誤」[3]，有評論指出這是要趙作代罪羔羊，期
盼天安門事件能隨趙的辭世塵埃落定。而若能成功促使歐盟解除武
禁，可就此別過那一段不光彩的歷史，進一步沖淡世人對中國政府
人權狀況不佳的負面印象。

■ **擴大武器軍備商源**：解放軍主要先進武器來自俄國，若能促成歐盟
解禁軍售，歐洲的軍火可在品質與價格上與俄國競爭。此舉既可擴
大商源又能獲得更多議價空間，避免俄國寡佔。由於管道的多元
化，對外軍購可輕易自賣方轉為買方市場。

■ **獲取先進軍事科技**：前美國中央情報局局長詹姆斯‧伍爾西
（James Woolsey）研判中國最想從歐洲獲得的軍備並不是戰機、
潛艦等載台，而是如指揮管制、通信或監偵系統（雷達、偵測
器）等可有效整合及強化戰力發揮的裝備及技術[4]。俄羅斯雖可
提供解放軍尖端戰機、柴電潛艦、防空飛彈，但歐盟國家才有
最優異的指管通資情監偵系統，這是現代戰場中不可或缺的中樞
神經。

■ **拉攏歐洲、離間美國**：北京自然不介意成為歐盟盟友，「解除對中
武禁」或能分化美歐「跨大西洋同盟」的團結，製造矛盾。

■ **可進一步孤立台灣**：歐盟一旦同意解除對中武禁，這將是台灣的重
大挫敗，結果將助長中國更進一步於國際社會孤立台灣，其統一目
標或能更早達成[5]。

---

[3]　新華網，「趙紫陽同志遺體在京火化，賈慶林等為遺體送別」，*新華網* (29 Jan
　　2005), http://big5.xinhuanet.com/gate/big5/news.xinhuanet.com/newscenter/2005-
　　01/29/content_2522658.htm (24 Aug 2009)

[4]　Kristin Archick, Richard F. Grimmett, and Shirley Kan, "European Union's Arms
　　Embargo on China: Implications and Options for U.S. Policy", *Congressional Research
　　Service* (27 May 2005), p. CRS-16

[5]　Peter Brookes, "The Lifting of the EU Arms Embargo on China: An American
　　Perspective", *The Heritage Foundation* (2 Mar 2005)

二、歐盟

歐盟成員國於 2003 年至 2005 年間，對「解除對中武禁」議題，態度並不一致，未能達成共識。贊成者，以法、德為首；北歐一些國家則多以人權紀錄質疑及反對；多數國家並未明確表態。以下分就法國、德國、英國（Big Three）及其他歐盟國家、歐洲議會論述其立場。

法國席拉克與薩科齊兩位總統對解禁立場有些許不同，但整體而言是支持解除對中禁運的基調。席拉克是主張解除對中武器禁運最積極的歐盟意見領袖。席哈克所持立場與《中國對歐盟政策文件》相互唱和，認為武禁政策已經過時，不符合政治現況。

2004 年元月下旬，法國外長多明尼克‧德維勒班（Dominique de Villepin）主張禁運應於 2004 年 3 月解除，認為中國是歐盟的「特權夥伴」（privileged partner），不應以「過時」的舊案干擾與中國的經貿及關係發展。

2005 年 9 月 24 日，法國國防部長艾利歐馬利（Michèle Alliot-Marie）女士在英國金融時報刊出的專訪中提出一種頗為另類的說法，她表示：法國支持歐盟解除對中國的武器禁運，是因為中國如果可以買到所需要的先進武器，就不會自己研發製造這些武器的技術。對歐盟國家而言，將是更好的保護。

艾利歐馬利說，中國的工業正在快速發展，如果北京無法進口所需的武器，就只有自己生產。根據法國武器專家的評估，不論是否獲得西方國家幫助，中國將可在五年內發展出自己的技術，生產和歐洲國家目前所擁有同樣的武器。她認為，歐盟國家如果解除對中國的武器禁運，可以減緩北京自行研發先進武器的速度。她又說，解除武器禁運只不過是個象徵性的動作，這樣做可以幫助中國融入國際社會[6]。

---

[6] Muzi.com,「法防長認解除武器禁運比讓中自製佳」, *Muzi* (24 Sep 2005), (20 Aug 2009)

2007 年 4 月法國總統大選期間，民調聲望排名前三名（包括薩科齊在內）的候選人皆不贊成歐盟解除對中國武器禁運。薩科齊受訪時表示：解禁需得到歐盟所有成員國共同達成決議，歐盟對中國禁售武器有一特殊意義，與中國的人權狀況有關，而在這部分，中國須再進步[7]。但薩科齊當選總統於 2007 年 11 月 25 至 27 日，首次至中國國事訪問時，私底下告訴中國政府官員法國希望結束武禁[8]。

　　德國總理施若德也是明確主張解禁的歐洲領袖。施若德 2003 年 12 月訪問北京時，曾對溫家寶承諾推動解除武器禁運，以換取德中商業利益。儘管德國政府原則上支持解除中國武器禁運，但德國政壇事實上未形成共識。2004 年 3 月歐盟外長會議時，德國外長表態反對解除，就是因為聯合政府內部意見分歧，總理與兼任外長之副總理分屬不同政黨，理念扞格[9]。2004 年 10 月下旬，德國國會再通過決議反對解禁[10]，惟施若德 2004 年 12 月訪問中國表示，儘管德國國內對解禁進行著激烈的討論，他本人主張解禁的立場沒有改變。

　　2005 年 4 月，施若德於國會表示：「我過去和現在始終認為，歐盟對中武器禁運是一個明顯過時的決定，繼續維持禁運沒有必要」。「對中武器禁運完全是一種歧視政策，孤立和歧視中國毫無意義，必須以積極的態度，歡迎中國融入國際社會」[11]。

　　即使歐盟國家普遍抨擊中國通過《反分裂國家法》，施若德在國會時仍為中國辯護：「德國只有少數人真正瞭解中國這部《反分裂國家法》，也只有少數人讀過這部法律的全文。這一法律中，主要內容

[7]　羅苑韶，「歐盟解除對中武禁薩華貝都反對」，*歐洲日報* (18 Apr 2007)，版 1

[8]　Pierre Tran, "France Supports End to China Arms Ban", *Defense News* (3 Dec 2007), p.1, p.6

[9]　「柏林－台北友好小組」主席 Klaus Rose 於拜會中華民國國防部訪談時表示，參考：林中斌，《以智取勝－國防兩岸事務》，*國防部史政編譯室*（2004），(Sep 2004) pp. 301-303

[10]　Eugene Kogan Ezio Bonsignore, "Fatal Attraction: The EU Defence Industry and China", *NATO's Nations and Partners for Peace 2* (2005), p.13

[11]　光明日報，「德國議會對華武器禁運辯論現場記」，*光明日報* (18 Apr 2005)，http://news.xinhuanet.com/world/2005-04/18/content_2843436.htm (21 Aug 2009)

是表述和平統一的對台方針、政策以及實現和平統一的可能途徑和策略。我勸你們認真讀一下這個法律的全文」[12]。

2005 年底，梅克爾成為德國總理，在解禁議題上政策大轉彎，要求武禁的解除必須與人權狀況的改善掛勾。2006 年 9 月，梅克爾在與訪問柏林的溫家寶會談後的記者會上表示，解除對中國的武器禁運目前不在歐盟的議程上，她也不清楚未來會不會排入議程。2010 年 7 月，梅克爾訪問中國並於中共中央黨校舉行座談，有人就歐盟對中武器禁運提問時，梅克爾再次提及人權問題。她說：「在武器禁運問題上，我們主要要考慮中國社會內部的開放程度。歐盟的武器禁運是在 1989 年天安門事件後宣布的，因此要想解禁，人們首先會考慮中國在維護公民權利以及其他許多問題上做得怎麼樣。就這些問題，歐盟內部也進行了討論，現在還沒有關於立即解禁的意見」[13]。

整體而言，德國在對外軍售上還是秉持較嚴謹慎重的態度。依法律規定，德國拒絕向所謂的緊張地區（Spannungsgebiet）出售武器，台灣曾想購買德製坦克（Leopard II）以及潛艦均遭拒，就是最佳實例，但也不排除係由於受到中國的干預。在德國政府嚴厲的監控之下，其軍火商不會向交戰或對立的雙方出售武器，這是德國武器輸出政策的一大特色。若交戰雙方都以德製武器在廝殺，曾飽受戰爭重創的德國人將難以接受，德國國會也必定發揮主動監控的作用[14]。

2003 年至 2005 年間，**英國**對解禁的立場模稜兩可，顯得反覆無常。2004 年底的第 7 屆中歐峰會時，英國帶頭反對立即解禁[15]。

---

[12] Ibid.

[13] 「默克爾呼籲中國重視民主和言論自由」，*德國之聲中文網*（17 Jul 2010），http://www.dw-world.de/dw/article/0,,5812098,00.html?maca=chi-rss-chi-ca-1044-rdf（16 Apr 2011）

[14] 湯紹成，「歐盟擬解除對中國武器禁運」，《*海峽評論*》167,（Nov 2004），http://www.haixiainfo.com.tw/FF/167-577-%E6%AC%A7%E7%9B%9F+%E6%AD%90%E7%9B%9F.html,（1 Sep 2009）

[15] Eugene Kogan Ezio Bonsignore, "Fatal Attraction: The EU Defence Industry and China", *NATO's Nations and Partners for Peace 2* (2005)

2005 年初，英國外長史卓（Jack Straw）卻一反先前態度，主張廢除對中國之武器禁運，此舉讓與英國維持著「特殊關係」（Special Relations）[16]的美國甚為震驚。2005 年 1 月，史卓在訪問北京時表示：儘管美國、日本反對，英國仍將協助取消武禁[17]。

英國政府認為對中國的武器禁運執行效果不彰，因而不反對解禁。並對美國保證，歐盟在解除對中國的現行武器禁運後，將制定新的出口管制辦法，例如設計一套更嚴格的《歐盟武器輸出行為準則》（EU Code of Conduct on Arms Exports），讓武器的銷售受到有效的規範[18]。

有些觀察家指出，英國因為在出兵伊拉克上與德國、法國意見相左，不願在此一議題上再起勃谿，有意通過解除武禁拉近與歐陸國家之間的距離[19]。

此外，2005 年英國在副首相約翰·普雷斯科特（John Prescott）及外長史卓的運作下表態支持解禁，似有與法國爭奪歐盟在對中國政策上的領導地位，企圖凸顯英國是「中國的最好朋友」（best friend of China）[20]。

2009 年 7 月 9 日，英國商務大臣曼德爾森（Peter Mandelson）在國會聽證會上表示，歐盟應該採取其他方式，取代對中國的武器禁

---

[16] 所謂的「英美特殊關係」，最早是邱吉爾（Winston Churchill）在 1946 年於鐵幕演說中首次提及。用以描述美國與英國之間政治、外交、文化及歷史上的緊密關係。

[17] May-Britt U. Stumbaum, *The European Union and China, Decision-Making in EU Foreign and Security Policy toward the People's Republic of China*, Nomos (2009), p.179

[18] Muzi.com,「法防長認解除武器禁運比讓中自製佳」, *Muzi* (24 Sep 2005), (20 Aug 2009)

[19] Kristin Archick, Richard F. Grimmett, and Shirley Kan, "European Union's Arms Embargo on China: Implications and Options for U.S. Policy", *Congressional Research Service* (27 May 2005), p. CRS-6

[20] May-Britt U. Stumbaum, *The European Union and China, Decision-Making in EU Foreign and Security Policy toward the People's Republic of China*, Nomos (2009), p.179

運[21]。曼德爾森認為：改成以審核及過濾（screen, filter and control）的方式來管制武器出口，比較全面對中國武器禁運更好。曼德爾森在2008 年回到英國從政前曾在歐盟任職，專責與中國的貿易談判。以渠歷任貿易商務之背景，所提言論可反應出歐盟國家在商業利益上的考量。

　　歐盟其他國家對解禁意見始終並不一致，部分會員國立場也經常更動。**義大利、西班牙**是德、法之外，曾熱衷遊說其他會員國解除對中武禁的國家[22]。2003 年下半年由義大利輪值歐盟主席期間，總理貝魯斯科尼（Silvio Berlusconi）也曾試圖解除對中武禁。2004 年初，在法國積極推動下，義大利、西班牙及葡萄牙均贊成法國爭取歐盟取消武器禁運的立場[23]。義大利總統齊安比（Carlo Azeglio Ciampi）2004年 12 月訪問北京時與胡錦濤會面時指出，義大利重視與中國重建經濟和文化關係，同時強調義大利贊成歐盟取消對中國的軍售禁令[24]。2006 年 9 月，義大利總理普羅迪（Romano Prodi）訪問中國時，聲稱將促歐盟解除對中國的武器禁運。**希臘**同西班牙及義大利採取贊成解除武禁的立場[25]。地中海上的小國**馬爾他**與中國關係密切，也贊成解除對中武禁[26]。

[21] BBC News,「英大臣：歐盟應放鬆對華武器禁運」, *BBC* (10 July 2009), http://news.bbc.co.uk/chinese/trad/hi/newsid_8140000/newsid_8143400/8143407.stm (20 Aug 2009)

[22] Wade Boese, "EU Retains China Arms Embargo", *Arms Control Today 35* (January/ February 2005), http://www.armscontrol.org/act/2005_01-02/EU_China, (1 Oct 2009)

[23] 《大陸情勢 200404》,*行政院大陸委員會*（Apr 2004）, http://www.mac.gov.tw/public/Attachment/962921352545.pdf (2 Apr 2011), p.71

[24] 「義大利贊成歐盟取消對中軍售禁令」, *中央社*（7 Dec 2004）。

[25] May-Britt U. Stumbaum, *The European Union and China, Decision-Making in EU Foreign and Security Policy toward the People's Republic of China*, *Nomos* (2009), p.170

[26] David Lindsay, "Malta's accommodating stance on China helps prevent EU from acting on Tibet, human rights ", *The Malta Independent Online* (19 Apr 2009), http://www.independent.com.mt/news.asp?newsitemid=86563 (7 May 2011)

2005 年 5 月，當時西班牙國防部長荷西‧波諾（Jose Bono）表示：歐盟實施武禁原因及環境並未改變，西班牙立場贊同美國主張繼續對中武禁。2005 年 11 月國際先驅論壇報（The International Herald Tribune）報導，儘管胡錦濤抵達西班牙訪問，隨後並宣布與西班牙建立「全面戰略夥伴關係」，胡也施壓西班牙支持解除武禁，但終究未有任何具體成果。惟迄 2009 年，西班牙受全球金融海嘯影響甚深受創嚴重，西班牙的預算赤字佔國內生產毛額（GDP）的 11.5%，失業率高達 17%（超過歐盟的平均值 10%甚多），外債佔國內生產毛額 91%。相對的，由於中國在 2009 年保八成功（經濟成長率高達 8.6%），成功克服金融海嘯的衝擊，在世界上的影響力確實增強不少[27]，於是西班牙在「解禁」立場上發生變化。2010 年 1 月，西班牙擔任歐盟輪值主席國時期，西班牙駐中國大使表示：「我們希望加強取消武器禁運的會談」。隨後外長也說：西班牙政府將「檢討決定」和「權衡利弊」是否解除武器禁運。

　　荷蘭，與英國一樣是美國所認定在歐洲的傳統忠實盟友，能充分暸解美國關切所在，體會解除對中武器禁運將對美國全球戰略布局造成的衝擊[28]。荷蘭曾表示：中國在人權改善程度上仍不足以給予解禁，持反對解除武禁立場。但在 2004 年下半年輪值歐盟主席期間，荷蘭政府公開則強調：「歐盟解除對中武禁」是任內最困難的挑戰；私下卻透露：若歐盟其他國家贊成解除，荷蘭也不會堅持反對[29]。2007 年 5 月，荷蘭外交部長赴中國訪問，行前以書面答覆國會議員詢及有關「解除對中國武器禁運」議題時表示：荷蘭並不反對歐盟解除對中國的武器禁運，但必須有恰當理由及符合條件。迄 2006 年底

[27] 湯紹成，「中歐關係的最新發展」，《海峽評論》2010 年 12 月號 240 期，http://www.haixiainfo.com.tw/SRM/240-8027-%E7%A6%81%E8%BF%90+%E7%A6%81%E9%81%8B.html, (17 Apr 2011)

[28] Kristin Archick, Richard F. Grimmett, and Shirley Kan, "European Union's Arms Embargo on China: Implications and Options for U.S. Policy", *Congressional Research Service* (27 May 2005), p. CRS-6

[29] Gabrielle Kohlmeier, "EU Eyes Lifting China Arms Embargo", *Arms Control Today 34, 7*, (Sep 2004), p.42

止，中國的人權狀況並無具體改善，荷蘭看不出須作出解除禁運決定的理由[30]。

北歐國家中的**瑞典**及**芬蘭**，與其他歐盟較小國家向來更為重視人權，因而對於解除對中國武器禁運議題並不熱衷，立場保留。2004年間，瑞典及**丹麥**均表示應續維持對中武禁[31]，但瑞典政府私下也表示：若歐盟共同的決定是解禁，瑞典也不會堅持[32]。

2005年3月，據丹麥 Berlingske Tidende 報消息，歐盟中只有丹麥和**捷克**仍公開支持維持武禁之立場。丹麥民主黨政治外交領袖休倫・埃斯比爾森（Søren Espersen）說：丹麥必要時會在歐盟中做出獨立選擇，「丹麥的回應可能會使中國對丹麥企業採取強硬打擊措施，但丹麥人並不害怕」[33]。

愛爾蘭也是曾明確表達反對解除禁運的國家[34]。**奧地利**與**比利時**僅有條件支持解禁[35]。

2004年新一輪的歐盟東擴，一舉納入10個主要是前華沙公約組織在中、東歐的成員國。這些國家在解禁議題上少見公開表達立場，

---

[30] NIS News Bulletin (16 May 2007)

[31] Gabrielle Kohlmeier, "EU Eyes Lifting China Arms Embargo", *Arms Control Today 34, 7*, (Sep 2004), p.42

[32] May-Britt U. Stumbaum, *The European Union and China, Decision-Making in EU Foreign and Security Policy toward the People's Republic of China, Nomos* (2009), p.178

[33] Lisbeth Kirk, "EU fails to sway Bush administration on lifting China arms ban", *euobserver.com* (16 Mar 2005), http://euobserver.com/?aid=18677&rk=1 (30 Mar 2011)

[34] Franco Algieri, "It's the system that matters: Instititionalization and making of EU policy toward China." in *China-Europe relations: perceptions, policies and prospects*, edited by Eberhard Sandschneider David L. Shambaugh, Hong Zhou, 2008, p.79

[35] 郭秋慶，「論我國將面臨歐洲聯盟解除對中國的武器禁運」，《淡江大學歐盟文獻中心通訊》第三期，(Sep 2004), http://eui.lib.tku.edu.tw/download.php?filename=27_6c0090e6.pdf&dir=archive&title=No.+03, (2 Apr 2011), p.8

如**匈牙利**僅低調傳出不傾向支持解禁[36]。惟如前所述，中國與波蘭等歐盟新成員國的軍事交流正加溫中，除高層訪問外也有軍備輸出。儘管波蘭國防部強調與中國的軍事合作不會觸犯歐盟武器禁運的規定，但實質的軍售案業已推動進行。就算波蘭未真的觸犯到歐盟武器禁運規定，爾後歐盟重新檢討是否解除對中國武禁時，波蘭所持立場大有可能因軍售利益及日益緊密的軍事合作而傾向中國。可以說，中國挾強大經濟實力及扮演日益積極的國際參與者角色，在東歐地區已攻下灘頭堡。

　　分析歐盟成員國在 2003 年至 2010 年間在解除對中國武器禁運的立場，概可分為 5 個集團（**參考圖 5-1：歐盟成員國解禁立場圖**）。在歐盟成員國解禁立場圖中，政治立場為 X 軸，經濟態度為 Y 軸；位於第 1 象限及第 4 象限內成員國傾向支持解禁，位於第 2 及第 3 象限成員國態度趨保留。5 個集團分別是：

- **重商主義派**：此一集合之成員國多以經貿利益主導其對中國政策。除南歐義大利、希臘等國家外，亦包括施若德主政時期的德國、席拉克主政時期的法國、與中國關係密切的地中海島國馬爾他。支持解禁立場鮮明而積極。

- **歐盟追隨派**：是成員國最多的集合，但多數為歐洲小國或新加入歐盟的前蘇聯附庸國，對外政策上需要歐盟大傘保護，不敢直接挑戰中國，不願意擔任領導者角色。

- **騎牆游移派**：歐盟的兩個大國，英國及薩科齊主政下的法國都曾立場飄移過。英國曾因欲拉攏德、法而支持解禁，隨後又因美國反對並祭出制裁法案而暫緩；法國薩科齊總統競選時反對、當選後改為支持推動、與中國交惡則又主導通過嚴格的武器輸出「共同立場」。

- **人權導向派**：北歐的瑞典及丹麥等歐盟成員國，堅持應以人權狀況改善為解禁衡量標準。

36　Zhang Haizhou Wang Huazhong, "'No consensus to lift EU arms ban yet", *China daily* (5 Feb 2010), http://www.chinadaily.com.cn/china/2010-02/05/content_9431477. htm (28 Nov 2011)

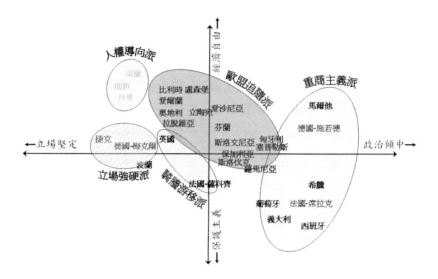

製圖參考：A Power Audit of EU-China Relations, Apr 2009.

圖 5-1　歐盟成員國解禁立場圖

■ **立場強硬派**：捷克及梅克爾主政下的德國是敢於纓鋒的歐盟成員國，相較其他國家，能勇於對中國表達立場且堅持原則。

　　歐洲議會則維持一貫支持台灣、反對解除禁令的立場。2003 年 12 月 18 日以壓倒性比例投票反對解除對中武器禁運，此舉相當程度反應出歐洲民意。2004 年 2 月 10 日、2004 年 11 月 17 日、2005 年 1 月 13 日、2005 年 4 月 14 日（431 票對 85 票要求歐盟維持禁運，31 票棄權）再通過類似決議，反對解禁[37]。在成員國的國會中，德國、荷蘭及芬蘭的國會都有強烈反對解禁的聲浪[38]。

---

[37] Eugene Kogan Ezio Bonsignore, "Fatal Attraction: The EU Defence Industry and China", *NATO's Nations and Partners for Peace 2* (2005), p.13

[38] May-Britt U. Stumbaum, *The European Union and China, Decision-Making in EU Foreign and Security Policy toward the People's Republic of China*, Nomos (2009), p.170

　　另外一個也在歐盟內部，對解禁具有影響力者是**遊說團體**。國防軍工業由於與政府關係密切，遊說活動主要集中在國家層級而非歐盟的超國家層級。主要在歐盟層級的活動者是「歐洲航太及國防工業協會」（ASD, Aerospace and Defence Industry Association of Europe）；在歐盟成員國國家層級活動者，則有「英國航天公司協會」（SBAC, Society of British Aerospace Companies）、「瑞典國防工業協會」（FIF, Association of Swedish Defence Industries）、達梭（Dassault）、英國 BAE 系統公司（BAE Systems）、歐洲宇航防務集團（EADS）等[39]。6 個有較具規模國防工業的歐盟國家是：德、法、英、義、西及瑞典，其中英國與瑞典在美國有很大的市場[40]，除瑞典以人權理由站在反對解禁陣營，英國是騎牆派外，其餘大型武器輸出國在「洶湧期」都支持解禁。

　　歐洲的軍火工業面對市場萎縮、研發成本升高的困境，自然歡迎中國的資金來挹注。一些民間企業如法國 Airbus 公司也遊說法國政府支持解禁。不過在美國國會通過決議，強迫歐洲國防工業選邊站後，如 BAE 系統公司、EADS 公司立即公開表態他們對盟友老主顧的忠誠，也大力遊說英國布萊爾政府。英國在 2005 年 5 月初至中旬戲劇性的態度轉變，從贊成解除一改而為協調暫緩，據信受到軍火公司擔心失去美國（軍費 10 倍於中國）大戶的影響[41]。

三、美國

　　在「歐盟解除對中武器禁運」上，美國態度明確，始終反對解除。解禁議題的政策立場非常難得地在美國內部形成共識，不論行政或立法部門，不論民主黨或共和黨均口徑一致[42]。

---

[39]　Ibid., p.169

[40]　Ibid., p.170

[41]　Ibid., pp.188-189

[42]　Bates Gill, "The United States and the China-Europe relationship." in *China-Europe relations: perceptions, policies and prospects*, edited by Eberhard Sandschneider David L. Shambaugh, Hong Zhou, 2008, p.271

美國反對歐盟解除對中國武器禁運，主要基於兩項考量。一是中國**人權**紀錄並無明顯改善，當初實施武禁的原因並未消失；二是任何歐盟對中國放鬆或增加軍售，都將危害到美國**安全**利益。

美國眾議院國際關係委員會主席亨利‧海德（Henry Hyde）曾為文抨擊歐洲倡議解除禁運之說：「歐洲的選擇再清楚不過：要不維持禁運以促進中國的民主發展，要不就是助長中國軍力擴張且威脅到美國安全利益」[43]。文末海德議員還引用 19 世紀英國首相格萊斯頓（William Ewart Gladstone）的話：「道德失格的事情，絕對不會政治正確」（Nothing that is morally wrong can be politically right.）[44]。上述談話分別觸及**人權民主**的價值觀以及美國**戰略安全**的考量。

在**人權民主**價值觀上，美國認為放鬆對中國政府的軍售管制就是傳遞錯誤訊號：可以繼續不顧尊重人權的普世價值[45]。而不管歐盟對中武禁是象徵或是實質，解除後都只會令美國及歐洲更難要求中國改善人權。

在**戰略安全**利益上，華府智庫「國際評估與戰略中心」（International Assessment & Strategy Center）副主席費學禮（Richard Fisher Jr.）指出：美國擔心，歐洲解除武器禁運後，中國將有更多管道可以接觸高科技武器系統，可用來阻撓美國關切台灣問題。費學禮說：「日本和美國都開始認真因應台灣海峽爆發真正戰爭，此其時歐洲領袖卻提議幫助（中國）獨裁政權戕害（台灣）民主，根本就是令人反感[46]」。

---

[43] Kristin Archick, Richard F. Grimmett, and Shirley Kan, "European Union's Arms Embargo on China: Implications and Options for U.S. Policy", *Congressional Research Service* (27 May 2005), p. CRS-3

[44] Henry Hyde, "Don't Sell Arms To China", *Wall Street Journal* (23 Feb 2005), http://online.wsj.com/article/SB110912200840661603.html (4 Oct 2009)

[45] Kristin Archick, Richard F. Grimmett, and Shirley Kan, "European Union's Arms Embargo on China: Implications and Options for U.S. Policy", *Congressional Research Service* (27 May 2005), p. CRS-8

[46] 陳宜君，「牽制中國，布希尋求歐洲支持」，*自由電子報* (21 Feb 2005), http://www.libertytimes.com.tw/2005/new/feb/21/today-p1.htm (27 Aug 2009)

另外一項關切則是指中國在武器管制上並不夠落實，任何武器輸出或技術轉移都將提高擴散的風險。

　　美國前國防部官員彼得・布魯克（Peter Brookes）在演說中，詳細分析美國在戰略安全上對解禁的憂慮：

■ 美國承諾台灣安全，中國則不放棄武力犯台，因而解放軍有可能運用歐洲所提供武器對付美國軍隊。

■ 歐盟解除對中武禁後，台海軍力將更迅速向中國大陸傾斜，而這樣的改變，可能使北京認為具備足夠能力武力奪台。

■ 中國取代美國成為太平洋霸主的意圖令人關切，由於歐盟軍售而增強的解放軍軍力，最終可「嚇阻」（deter）、「延緩」（delay）、「距止」（deny）美國在太平洋的軍事行動。

■ 中國對彈道飛彈、大規模殺傷性武器（WMD）等擴散管制令人憂慮，敏感的歐洲技術可能擴散及落入諸如北韓、伊朗、緬甸或甚至敘利亞等國家之手。

■ 中國人權紀錄不良，歐盟解除武禁，將更缺乏足以敦促中國改善人權的籌碼，也將給予其他迫害人權政權錯誤訊號[47]。

　　在武禁執行效度上，美國認為歐盟對武器禁運的解讀過度窄化在「致命性武器」上，一些歐洲國家已對中國輸出相關國防科技，如果再沒有武器禁運政策的限制，歐洲國家恐怕還會出售中國更多軍民兩用的科技或武器系統[48]。

　　2004 年 5 月，美國眾議院通過對輸出關鍵軍品及科技至中國的歐洲公司施予制裁。2005 年 2 月 2 日，美國聯邦眾議院以「關心美國子弟的安全」（safety to our boys）[49]為口號及 411 票對 3 票的壓倒

[47] Peter Brookes, "The Lifting of the EU Arms Embargo on China: An American Perspective", *The Heritage Foundation* (2 Mar 2005)

[48] Kristin Archick, Richard F. Grimmett, and Shirley Kan, "European Union's Arms Embargo on China: Implications and Options for U.S. Policy", *Congressional Research Service* (27 May 2005), p. CRS-3

[49] May-Britt U. Stumbaum, *The European Union and China, Decision-Making in EU Foreign and Security Policy toward the People's Republic of China*, Nomos (2009), p.180

性多數，通過一項譴責歐盟準備解除對中國武器禁售的決議案。決議案說：歐盟的舉動將危及台灣及美國駐防亞洲軍隊的安全[50]。

歐盟曾以建立更嚴格的《歐盟武器輸出行為準則》，意圖說服美國接受解禁主張。美國行政部門內部也曾因此分成兩派：一派考量接受歐洲國家安排，解除武禁的同時也建立新而更嚴格的「跨大西洋」武器出口管制機制，英國對此也表示歡迎；另一派則基於安全及人權的考量，堅決反對解除武禁也不考慮建立新的管制機制。事實證明後者最終佔了上風。

還有一項並未強調的因素是：若歐盟解除對中國武器禁運，則美國將會成為碩果僅存仍因 1989 年「天安門事件」而對中國實施武禁的國家[51]，軍工企業也會遊說或施壓美國政府鬆綁。因此，也有傳出美國主張就算中國人權改善也不應解除武禁，還要考慮中國軍力擴張所造成週邊不穩定的狀況[52]。

2010 年 12 月維基解密（Wikileaks）網站公布美國外交密電顯示，華府 2010 年 2 月 17 日曾致電其駐歐盟各國大使館，要求他們採取行動重申美國的立場，即「歐盟應維持對中國的武器禁運」。電文指出，西班牙官員包括外交部長均表示：在西班牙任歐盟輪值主席國期間，可能會重新審視歐盟對中國武器禁運的政策。但美國一貫堅決反對解除對中國武器禁運。美國國務院在給各使館的電文中強調，華府對中國武器禁運的立場一直沒有改變：「解除禁運無論從人權的角度，還是從安全的角度都是沒有道理的」。電文最後還提到美國堅持對中武器禁運的另一個理由：美國國防部的年度「中華人民共和國軍力報告

---

[50] Eugene Kogan Ezio Bonsignore, "Fatal Attraction: The EU Defence Industry and China", *NATO's Nations and Partners for Peace 2* (2005), p.17

[51] Frank Umbach, "Asian-European relations, More security through inter- and tranregional relations?" in *Asian-European Relations: Building Blocks for Global Governance*, edited by Gunter Schubert Jurgen Ruland, Gunter Schucher, Cornelia Storz, 2008, p.125

[52] Jerker Hellstrom, "The EU Arms Embargo on China: a Swedish Perspective", *Swedish Ministry of Defence* http://www2.foi.se/rapp/foir2946.pdf (9 Apr 2011), p.35

書」顯示，中國軍力增長迅速，因此「解除武器禁運將對太平洋地區安全及穩定造成嚴重後果」[53]。

四、其他

除歐盟國家及美國，反對最烈且不斷向歐盟進行遊說的是**日本**。日本政府特別是內閣中強硬派人士，擔心歐盟解除對中國武器禁運後，東亞權力平衡將迅速倒向中國。

2004 年 12 月，日本首相補佐官（負責外交）川口順子（Yoriko Kawaguchi）在保加利亞出席「歐洲安全暨合作組織」（OSCE）外長會議時，正式對歐洲各國表明日本政府反對歐盟解除對中國的武器禁運[54]。

2005 年 5 月，日本首相小泉純一郎（Junichiro Koizumi）在歐盟與日本高峰會聯合記者會中，呼籲歐盟不要解除對中國的武器禁運。2005 年 9 月開始，日本和歐盟建立起定期的戰略對話機制，日本在軍售解禁問題對歐盟施加的壓力也日益增大。2006 年 7 月，小泉純一郎在八大工業國高峰會（G8）會晤德國總理梅克爾時，希望歐盟「慎重考慮」解除對中武器禁運，因為「解除對中武器禁運事關東亞的安全。」

2006 年 11 月 21 日，日本首相安倍晉三（Shinzo Abe）在東京首相官邸與來訪的丹麥首相拉斯穆森（Anders Fogh Rasmussen）會晤。安倍希望丹麥密切關注中國的軍費開支，並再次表示日本反對歐盟解除對中武器禁運。

2007 年 1 月，日相安倍晉三訪問歐洲的英、德、法三國及位於比利時的歐盟總部，公開敦促歐盟維持對中國禁止軍售。德國總理梅

---

[53] 「維基解密：美國阻止歐盟取消對華武器禁運」，*BBC News,* (16 Dec 2010), http://www.bbc.co.uk/zhongwen/trad/world/2010/12/101216_wikileaks_eu_china.shtml (1 Apr 2011)

[54] 張茂森，「日反對歐盟解除對中禁武」，*自由時報*（9 Dec 2004）。

克爾向安倍明確保証，她始終反對結束禁運，支持歐盟維持對中國軍售禁令立場不變。

2008 年 4 月 23 日，日本首相福田康夫（Yasuo Fukuda）和歐盟執委會主席巴羅佐，以及歐盟輪值主席國斯洛文尼亞的總理揚沙（Janez Janša）召開日本和歐盟年度會議時，要求歐盟慎重處理對中國解除武器禁運的問題[55]。

2009 年 2 月，日本防衛大臣濱田靖一（Yasukazu Hamada）在慕尼黑向英國國防大臣約翰・赫頓（John Hutton）說：「中國軍力發展前景不明，我們擔心中國軍事費用的增加和軍隊活動日趨活躍，因此反對歐盟解除對中武器禁運」[56]。

另查歷年歐盟與日本定期召開高峰會後的聯合聲明，自 2005 年起至 2010 年，每年的聲明中都強調日本反對歐盟解除對中國武禁立場，些微的差異僅在直接點明反對解禁（2005 年至 2007 年）以及改用較為含蓄的說法（2008 年至 2010 年）。2008 年後的聲明中，遣詞用字改為：解除武禁議題須審慎考量區域安全情勢[57]。

俄國看待歐盟解除禁運似乎純以經濟為導向。2005 年 3 月，總統普丁（Vladimir Putin）論及歐盟考慮解除對中武器禁運時表示：「我們出售大量武器給中國，在中國這個市場，競爭者當然越少越好[58]」。俄羅斯多年來持續軍售中國，賣給中國的軍備有些甚至比俄軍自用的還要先進，而中國外購武器約九成來自俄國。面對中國有望盼得歐盟

---

[55] 中評社香港，「日本要求慎重處理對華武器禁運，歐盟未理會」，*中國評論新聞*（24 Apr 2008），http://www.chinareviewnews.com/doc/1006/2/7/9/100627943.html?coluid=7&kindid=0&docid=100627943 (9 Apr 2011)

[56] 黃曉南，「日本遊說對華武器禁運，歐盟冷淡回應」，Ibid.(08 Feb 2009)，http://www.chinareviewnews.com/doc/1008/8/0/9/100880942.html?coluid=7&kindid=0&docid=100880942

[57] 參考歐盟對外事務部網站：http://eeas.europa.eu/japan/summit_en.htm

[58] Kristin Archick, Richard F. Grimmett, and Shirley Kan, "European Union's Arms Embargo on China: Implications and Options for U.S. Policy", *Congressional Research Service* (27 May 2005), p. CRS-16.

解除武禁，來自歐洲的競爭者將迫使俄國政府或降價求售，或同意輸出中國最先進精密的武器以保住市場。

第二節　正反辯論

支持解禁者與反對解禁者在許多議題上展開攻防辯論，本節分析若干辯論主題如后（**參考表 5-1：解除武禁正反意見對照表**）。

一、禁運僅具象徵意義

支持解禁者認為歐盟對中武禁僅具象徵意義，解除禁令只是推動與中國對話（engaging China in dialogue）的政治信號[59]。如前所述，歐盟對中武禁效力受質疑，1989 年歐洲共同體有關禁令的政治宣言並無配套的法律約束力，既未說明武器禁售涵蓋項目，也沒有執行禁售的措施和程序。這些問題的解釋權留給各成員國，因解讀不同致作法各異，有些國家完全禁止出售任何軍品項目，有些國家則選擇性禁售。

英國對中武禁的解釋是不出售「可能用作內部鎮壓的致命性武器」，例如機關槍、戰機及軍用直升機等[60]。**德國**國內法對禁運有嚴格限定：不得出售純軍事用途之品項，因此輸出品項就只限於可移作軍用的柴油引擎[61]。**捷克**對禁運的標準則是「致命性武器」及任何可能增加中國軍力的品項。**瑞典**所有軍備都不得輸出至中國大陸，涵蓋區域還包括台灣[62]。**法國**的觀點則認為歐盟對中武器禁運只涵蓋「致

[59] Mark Bromley Siemont Wezeman, *SIPRI Yearbook 2005: Armaments, Disarmament and International Security*, (2005), p.439

[60] 參考：SIPRI, *UK interpretation of the arms embargo against China.*

[61] May-Britt U. Stumbaum, *The European Union and China, Decision-Making in EU Foreign and Security Policy toward the People's Republic of China, Nomos* (2009), pp.172-173

[62] Jerker Hellstrom, "The EU Arms Embargo on China: a Swedish Perspective", *Swedish Ministry of Defence* http://www2.foi.se/rapp/foir2946.pdf (9 Apr 2011), p.24

命性武器」及主戰武器平台，至於非致命性軍備、艦用或空用電子裝備如光電系統等「軍民兩用」（dual-use）項目則不在此限。

　　歐盟多個成員國如法國、義大利及英國等，均曾於 1989 年後向中國輸出過軍品[63]。法國主機使用在解放軍新的海軍護衛艦上[64]；中國自製的直升機不是獲得法國授權就是廣泛使用法國相關技術[65]。

　　英國軍售中國雖然質量不高，但中國的殲轟 7 戰機使用的正是勞斯萊斯（Rolls Royce）噴射引擎[66]。媒體報導在 2009 年英國國際防務系統及裝備展覽會（DSEi 2009）展場中，目睹有 9 名包含軍方人員在內的中國代表團受邀參展，記者 Kaye Stearman 說：「我們驚訝但不意外，中國是嚴重侵犯人權的國家，歐盟也施以超過 20 年的武器禁運，但這裡我們還是看到有組件出售到中國，禁運的規定還真是非常有彈性啊！[67]」

　　德國的柴油引擎也裝配在解放軍的宋級潛艦[68]。瑞典斯德哥爾摩國際和平研究所（SIPRI）武器交易專家魏士曼（Siemon Wezeman）說：「德國向中國提供的幾乎全部都是用於戰艦和軍車引擎的元件，其中絕大部分是經德國授權許可在中國生產的，這些協議基本上是早在上世紀七十年代達成的」[69]。

---

[63]　Gabrielle Kohlmeier, "EU Eyes Lifting China Arms Embargo", *Arms Control Today 34, 7,* (Sep 2004), p.42

[64]　陳宜君，「牽制中國，布希尋求歐洲支持」，*自由電子報* (21 Feb 2005), http://www.libertytimes.com.tw/2005/new/feb/21/today-p1.htm (27 Aug 2009)

[65]　Mark Bromley Siemont Wezeman, *SIPRI Yearbook 2005: Armaments, Disarmament and International Security,* (2005), p.441

[66]　May-Britt U. Stumbaum, *The European Union and China, Decision-Making in EU Foreign and Security Policy toward the People's Republic of China,* Nomos (2009), p.172

[67]　Alice Ritchie, "China in spotlight as largest defence fair opens", *AFP* (9 Sep 2009), (9 Sep 2009)

[68]　陳宜君，「牽制中國，布希尋求歐洲支持」，*自由電子報* (21 Feb 2005), http://www.libertytimes.com.tw/2005/new/feb/21/today-p1.htm (27 Aug 2009)

[69]　「你信嗎？德國和法國和中國軍工一直都在合作！」，*中華網*（27 Aug 2010），http://big5.china.com/gate/big5/tu.blog.china.com/201008/6853417.html (29 Aug 2010)

固定於法國海軍 Charles De Gaulle 航母甲板上，
由歐洲 Eurocopter 公司製造的 Dauphin 直升機。

解放軍海軍使用、判係授權自製的直九（Z-9）艦載直升機。
該型直升機曾派赴亞丁灣、參與打擊海盜任務。

例證顯示歐盟對中國軍售禁令成效不彰
圖片來源：
http://en.wikipedia.org/wiki/File:FS_CdG_Dauphin.jpg
http://www.fyjs.cn/bbs/read.php?tid=279108

表 5-1　正反意見對照表

議題	贊成解除	堅持禁運
象徵意義 徒具形式	對中武器禁運缺乏完整法律效力，聲明只是空話，會員國自由心證，對軍民兩用裝備物資也無限制。 武禁有礙雙邊緊密發展。解禁只是政治象徵，移除可以增進彼此關係。	仍具意義，已能防止中國獲得戰機、潛艦等先進武器。 解禁將有「漣漪效應」，已軍售中國者恐將降價或提供更先進武器俾與歐洲軍工業競爭。
禁運原因 消失	事過境遷，陳舊過時。	禁運係因中國在「天安門事件」不尊重人權，情形仍未明顯改善。
人權改善	中國人權狀況近年來有很大改善，人權等問題已經寫入憲法。美國代表在日內瓦人權會議上也承認，中國的人權有進步[70]。（德國總理施羅德） 歐盟 1996 年起與中國開始人權對話。 天安門事件時的政治領袖已不再掌權。	中國人權紀錄不佳。實施武禁的原因仍然存在。 對繼續壓迫人權的國家、對六四犧牲的死難者親友，解禁是在發出錯誤訊號。
軍售中國 質量增加	解禁主要是政治的考量，而非軍事。解禁不代表就一定會增加軍售。 2004 年 12 月歐盟政治承諾即使解禁，軍售質量也不會增加。	解禁後歐盟國家將大量出售中國武器，影響區域穩定平衡。
行為準則	伴隨武禁解除，有設計更為嚴格的武器輸出行為準則。	歐盟武器輸出管制準則存在許多漏洞。 歐盟的 1998 年武器貿易「行為準則」缺乏法律約束力，武器及軍民兩用科技或產品之出口，既未全面管制，而且未透明化。
軍售可減 緩發展	中國如果可以買到所需要的先進武器，就不會自己研發製造這些武器的	中國若無法取得西方的國防科技或終端武器，則其自身的國防能

[70] 「德國議會對華武器禁運辯論現場記」，*光明日報* (18 Apr 2005), http://news.xinhuanet.com/world/2005-04/18/content_2843436.htm (21 Aug 2009)

	技術。對歐盟國家而言，將是更好的保護[71]。（法國國防部長）	力將會大幅受限；美國觀察中國解放軍動向的人士有個廣泛的共識，就是除了彈道飛彈與飛彈導引系統等少數例外，中國自製的其他所有傳統武器比全球最先進水準落後了十到二十年[72]。（美國喬治華盛頓大學的中國軍事問題專家沈大偉）
反分裂法	「只有少數人真正瞭解中國這部反分裂國家法，也只有少數人讀過這部法律的全文。這一法律中，主要內容是表述了和平統一的對台方針、政策以及實現和平統一的可能途徑和策略。我勸你們認真讀一下這個法律的全文。[73]」（德國總理施羅德）	中國不放棄使用武力軍力擴張影響區域軍力平衡

整理：梁正綱

製表時間：3 Apr 2011

　　魏士曼指出歐盟對中國的武器禁運從來不曾有效運作，「因為，連一張禁止清單都沒有」[74]。綜合上述報導及說明可知，歐盟嚴格貫徹對中武器禁運實質上存在困難。

　　反對解禁者認為武禁並非僅具象徵性，只要「武器禁運」仍存在，便能達到預期效果，實質上武禁確已對中國從歐洲國家取得相關軍事裝備上造成相當大的限制。解除禁運是給予錯誤的政治訊息，且一旦

[71] Muzi.com, 「法防長認解除武器禁運比讓中自製佳」, Muzi (24 Sep 2005), (20 Aug 2009)

[72] 陳宜君,「牽制中國，布希尋求歐洲支持」, *自由電子報* (21 Feb 2005), http://www.libertytimes.com.tw/2005/new/feb/21/today-p1.htm (27 Aug 2009)

[73] 「德國議會對華武器禁運辯論現場記」, *光明日報* (18 Apr 2005), http://news.xinhuanet.com/world/2005-04/18/content_2843436.htm (21 Aug 2009)

[74] Thijs Papôt, "'A symbolic instrument' the EU's arms embargo against China", *Radio Nederland Wereldomroep* (25 Jan 2005), http://static.rnw.nl/migratie/www.radionetherlands.nl/currentaffairs/region/westerneurope/eur050125-redirected (26 Aug 2009)

解除武器禁運，中國將非常容易取得目前世界上最先進的軍事科技。此外，武禁解除後，中國將可以此作為談判籌碼，向其他主要武器出口國如俄羅斯等施壓，要求出售最尖端之軍備[75]。

二、禁運原因已消失

支持解禁者認為「天安門事件」早已事過境遷，保留武器禁運是陳舊過時的冷戰餘緒，當初禁運的原因已不存在。

反對解禁者則強調「天安門事件」係中國政府不尊重人權的表現，而中國的人權狀況並未因此而有改善，不應該輕言解禁。

三、中國人權狀況改善

支持解禁者認為中國人權狀況已有改善，如德國前總理施若德就曾以中國人權紀錄已獲明顯改善為由鼓吹解除禁運。

2005 年 5 月 10 日，中國外交部發言人劉建超表示：中國堅決反對歐盟將解除軍售禁令和所謂人權問題掛鈎。他說：一方面，中方要求歐盟儘早解除對華軍售禁令，因為這有利於中歐關係的發展；另一方面，中國的人權事業近年來取得舉世矚目的進步，但中方也深知存在一些不足。他強調中方將在改善人權狀況方面做出堅實努力，但這個問題和解除軍售禁令完全沒有關係[76]。2005 年 9 月 1 日，中國外交部發言人秦剛再度表示：我們反對把人權問題同解禁問題掛鈎，也反對第三方無端阻撓歐盟解禁進程。

反對解禁者則表示中國人權無明顯改善，從 1989 年以降中國的人權狀況並沒有根本上的改變。

---

[75] 吳志中，「歐盟意圖解除對中國武器禁運的緣由與未來發展之研析」，《新世紀智庫論壇》第 29 期, (30 Mar 2005), p. 27。

[76] 李建敏　李萱娜，「中國堅決反對歐盟將解除對華軍售禁令和人權問題掛鈎」，新華網 (10 May 2005), http://news.xinhuanet.com/newscenter/2005-05/10/content_2940466.htm (4 Apr 2011)

四、解禁不會導致大量軍售

支持解禁者認為解除武器禁運並不意謂歐盟對中國的軍售質量上會立即提高。解禁並非以商業利益為著眼，不等同就會有大量軍售。例如，法國總統席拉克在接受日本媒體朝日新聞社（Asahi Shimbun）採訪時說：解除武禁旨在加強與亞洲經濟巨人的關係，不在銷售武器。又如，歐盟前執委會主管對外關係執委彭定康（Chris Patten）曾辯護：「行為準則」的存在加上各國政府自行控管的政策，解禁後不見得對中軍售或有明顯大幅的增長，不應該認定歐盟解除武禁就會大量銷售武器給中國[77]。歐盟更於 2004 年 12 月時表示：「任何決定都不應導致對中國的武器輸出在質或量上有所增加」。

反對解禁者則就此質疑。例如，美國官員就表示軍售禁令解除後，歐盟出售給中國的軍備在質與量上都會大幅增加，而且就算只是指揮管制技術等「非致命性武器」，都能強化解放軍戰力[78]。歐洲國防工業過去雖然也與中國有過一些軍備硬體交易，但關鍵的武器平台及技術，如先進戰機、坦克及軍艦、高敏感的 C4ISR（指揮、管制、通信、資訊、情報、監視、偵察）科技皆未提供[79]。一旦武器禁運解除，這些技術便不再受到嚴格管制。

事實上，「解禁後」武器出口質量是否會增加尚不可知，但「解禁前」20 年來武器銷售金額倍數成長卻有數據佐證；1990 年初期歐盟對中國武器出口金額約為 5500 萬歐元，2003 年則已增加至 4 億歐元[80]。

[77] Franco Algieri, "It's the system that matters: Instititionalization and making of EU policy toward China." in *China-Europe relations: perceptions, policies and prospects*, edited by Eberhard Sandschneider David L. Shambaugh, Hong Zhou, 2008, p.79

[78] Susan V. Lawrence, "New Cracks in the Transatlantic Alliance", *Far Eastern Economic Review* (12 Aug 2004)

[79] Eugene Kogan Ezio Bonsignore, "Fatal Attraction: The EU Defence Industry and China", *NATO's Nations and Partners for Peace 2* (2005), p.14

[80] Jerker Hellstrom, "The EU Arms Embargo on China: a Swedish Perspective", *Swedish Ministry of Defence* http://www2.foi.se/rapp/foir2946.pdf (9 Apr 2011), p.26

　　此外，歐洲企業早已參與中國軍事現代化進程，因此解除武禁必定會更強化雙方現有的合作關係。以色列希伯萊大學的中國解放軍問題專家喬費（Elis Joffe）表示，即使歐洲解除武器禁運，向來以俄製武器為主的中國也不至於冒然向歐洲展開大量軍購，但和歐洲的軍事工業交流活動應會增加[81]。真正須關切的重點不在於武器的直接出售，還在更關鍵的軍工技術。費學禮指出，歐洲企業參與人民解放軍幾乎所有的軍事工業領域。如：英國的索瑞衛星科技有限公司正幫助中國取得嶄新的反衛星武力，勞斯萊斯公司提供中國自製JH-7A 殲轟機先進渦輪引擎，歐洲直升機公司則協助中國打造攻擊與運輸直升機，著名的歐洲軍火商歐洲宇航防務集團（EADS），2003年底購入以研製直升機為重點的中國航空工業第二集團公司（中國二航 AVIC II, China Aviation Industry Corporation II）5%的股份；2004年 10 月，歐洲宇航防務集團再與中國二航簽署合約，長期合作共同研發製造代號 EC175 的直升機[82]。

　　從後勤補保的角度來看，現階段解放軍大量武器來自俄羅斯，因此即使歐盟軍售禁令解除，短期內歐洲的軍火公司不太可能立即取代俄國成為中國武器的主要供應者[83]。但長期而言，歐洲的軍工技術必定在解放軍新一輪現代化上佔據重要地位。

　　此外，中國從西方常附帶有條件的軍售中學到教訓也產生戒心，更傾向建立自主獨立的國防。1984 年 7 月，中國與美國簽訂購買 24 架 S-70「黑鷹」直升機，該型直昇機解放軍充份運用於高原作戰，但美國的武器禁運就曾使中國頭痛，特別是引擎的維修上遇到極大困難[84]。

[81] 陳宜君，「牽制中國，布希尋求歐洲支持」，《自由電子報》（21 Feb 2005），http://www.libertytimes.com.tw/2005/new/feb/21/today-p1.htm (27 Aug 2009)

[82] Eugene Kogan Ezio Bonsignore, "Fatal Attraction: The EU Defence Industry and China", *NATO's Nations and Partners for Peace 2* (2005), p.15

[83] Ibid. p.15

[84] Luke Colton, "China: Crisis?" *Flight International 5-11 Apr 2005*, http://www.flightglobal.com/articles/2005/04/05/196144/china-crisis.html, (24 Apr 2011), p.31

五、「行為準則」才有效

　　支持解禁者認為由於歐洲共同體 1989 年開始實施對中武禁時，並沒有規範武器管制項目清單，禁運細項完全留給會員國自行決定，解讀標準不一，只有英國及義大利（僅及某種程度）曾公布說明其禁運項目[85]，因此有必要以較為完善的《歐盟武器輸出行為準則》來取代。許多歐盟國家（特別是英國）認為採用加強版的《歐盟武器輸出行為準則》，即使解禁也能將衝擊降低到最小。英國並強調「武禁」只是禁止「致命性武器」的交易，而「行為準則」才能有效管制到「軍民兩用」（dual use）的軍工高科技。

　　2004 年 12 月第 7 屆中歐峰會，歐盟輪值主席國荷蘭明確宣布：加強版《歐盟武器輸出行為準則》通過前不會解除對中武禁。加強版的「行為準則」將有完整法律效力，其中新增所謂「工具箱」（toolbox）的暫行措施，可免除美國及部分歐盟成員國對解禁後可能造成軍售中國質量上大幅提昇的疑慮。這些暫行措施將包括以人權狀況作為武器出口依據、清楚表列高新軍備或關鍵軍工科技的輸出規定、增加歐盟內部武器輸出的情資交換等，以有效管制軍售質量不致升高。「工具箱」協議已經在 2004 年 10 月解除利比亞（Libya）禁運時公布，要件包括[86]：

- 分享過去 5 年核可輸出軍備的資訊
- 每季分享曾受禁運制裁國家所獲核准軍售之資訊
- 定期諮詢軍售的目的
- 在理事會層級討論會員國政策的轉變
- 檢討過去 3 年否決出售軍備的效期

　　反對者則仍質疑「行為準則」的效力，美國表示：即使設有「行為準則」，其效果不大，限制亦不足，並不是禁令「合適的替代品」。

[85] Mark Bromley Siemont Wezeman, *SIPRI Yearbook 2005: Armaments, Disarmament and International Security*, (2005), p.439

[86] Ibid., p.718

一些觀察家指出「行為準則」修訂多年，而且歐盟官員也承認同樣不會具法律強制力，仍將維持會員國自由心證的作法，更重要的是不會限定「軍民兩用」品項[87]。美國認為只要解除禁運，就算有《歐盟武器輸出行為準則》，歐盟國家還是會將高新軍事科技輸出中國，進而增長解放軍軍力，最終將威脅到美國、亞洲、歐洲的和平與穩定。

六、軍售可減緩中國國防發展

支持解禁的另類思考是法國國防部長艾利歐馬利女士所說：歐盟軍售中國可減緩中國自主國防工業發展，只要中國買到所需要的先進武器，就不會自己研發製造技術。西方國家提供中國武器，便能做出有用的管制。

對照中國與歐洲在導航衛星上的各自發展，似乎還頗能呼應上述說法；中國 2003 年加入歐盟全球定位系統「伽利略計畫」，但僅限於民用及商用部分，同時期中國也自力發展衛星定位系統，在充足的經費資源以及強有力的政治決心挹注下，「北斗一號」共發射 4 枚衛星，已成為一個可使用的區域性衛星導航系統。新一代的「北斗二號」現已發射 8 顆衛星[88]，其設計能力據稱可媲美歐盟與美國。反而，歐盟「伽利略計畫」執行卻並不順利，初始階段的無虞財源已然匱竭，2011 年遭遇到各國政府預算緊縮，加以歐洲航太業界因市場規模太小投資意願不高等因素影響而進度延宕，先期 2 枚軌道驗證衛星（IOV, in-orbit validation）預計要延到 2011 年 9 月才發射[89]。

---

[87] David Shambaugh, "Don't lift the arms embargo on China", *Brookings Institution* (23 Feb 2005), http://www.brookings.edu/opinions/2005/0223china_shambaugh.aspx?p=1 (23 Aug 2009)

[88] 楊芬瑩，「第八顆北斗導航衛星發射成功」，*中國時報*（11 Apr 2011），版 13。

[89] 註：作者 2011 年 4 月與歐洲太空總署（ESA, European Space Agency）工程師 H 君就「伽利略計畫」交換意見。

反對解禁者對「軍售可減緩中國國防發展」嗤之以鼻。歐洲議會國防安全政策保守黨的發言人凡‧奧爾登（Geoffrey Van Orden）就很不客氣地抨擊：艾利歐馬利的說法是「開始就解除歐盟武禁辯論以來，聽過最滑稽的理由」[90]。美國也不認同艾利歐馬利，因為「解除禁運」與「中國自行研發」兩者結果都會使中國軍力獲得增強，而歐洲國家軍售中國效果還更快。解放軍在傳統武力上，除少數領域如彈道飛彈、慣性導引系統、柴油推進器及新一代坦克外，自主研發武器系統的軍事工業技術，還落後西方約 10 至 20 年。歐盟多年來對中武器禁運，已確實有效延緩中國提昇自身的武器製造能力[91]。

　　舉例來說，2006 年解放軍總裝備部科技委員會副主任汪致遠中將，向媒體宣稱中國將自行研製航空母艦，中國的航母計畫自此不再是祕密，但早在 1995 年至 1996 年間，傳出兩個歐盟國家（法國與西班牙）都有意提供航母設計等技術給中國[92]，若非存在「歐盟對中武禁」的阻礙，中國建造航母的步伐應可提前，建造期程也能縮短。

第三節　影響因素

　　解禁案中，看似獨立之各事件間存有關連，並衍生出加成效果。本節分析並列舉影響歐盟解除對中武禁之主要因素，包括歐盟政治領袖個人的全球戰略觀、歐盟設計機制所造成的限制、美國影響力等。

---

[90]　May-Britt U. Stumbaum, *The European Union and China, Decision-Making in EU Foreign and Security Policy toward the People's Republic of China*, *Nomos* (2009), p.184

[91]　David Shambaugh, "Don't lift the arms embargo on China", *Brookings Institution* (23 Feb 2005), http://www.brookings.edu/opinions/2005/0223china_shambaugh. aspx?p=1 (23 Aug 2009)

[92]　You Ji Ian Storey, "China's Aircraft Carrier Ambitions: Seeking Truth From Rumours", *Air Power Sept-Dec 2004*, http://www.aerospaceindia.org/Journals/Winter%202004/ China's%20Aircraft%20Carrier%20Ambitions%20%20Seeking%20Truth%20fro m%20Rumours.pdf, (7 Apr 2011), p.129

一、歐洲大國領袖積極推動

歐盟在對中國政策制定執行上以執委會為核心角色，理事會負責政策的一致性。不過會員國因為相互競爭逐利，經常削弱共同立場，尤其是德國、英國與法國三個傳統西歐大國（Big Three），這三個國家對形塑歐盟的中國政策影響力也最大。

歐盟 2003 至 2005 年間，解除對中武禁之議的起滅，與歐洲主要國家（法、德）政治領袖的推波助瀾有莫大關係。更深一層則可探究各政治領袖全球戰略觀之差異。

2000 年至 2005 年，歐盟英、法、德三大強權國家與中國關係發展堪稱平順。整體而言，三國領袖布萊爾（Tony Blair，1997-2007 主政）、席拉克（1995-2007 主政）、施若德（1998-2005 主政）對中國都是採取經貿利益優先、避免採行具高爭議性的政策[93]。

法國總統席拉克在解除對中武禁上著力之深，無疑居於關鍵角色。就渠個人而言，席拉克標榜自己是「新戴高樂主義者」（neo-Gaullist），由於長年執政[94]，在法國及歐盟內均累積舉足輕重的政治影響力。席拉克於 1995 至 2007 長達 12 年的總統任內，曾 4 度訪問中國大陸[95]，中國也成為席拉克進行國事訪問最多的國家。僅 2003 年至 2004 年間，胡錦濤與席拉克至少互相通過 5 次電話；2003 年至 2006 年底，胡席 2 人在不同場合至少會晤 7 次（**參考表 5-2：席拉克與中國互動大事紀**）。

---

[93] Ingrid d'Hooghe, *The Limits of China's Soft Power in Europe*, *Netherlands Institute of International Relations Clingendael* (2010), pp.25-26

[94] 作者註：席拉克於 1995 年開始擔任長達 12 年的總統前，曾 3 次連任巴黎市長，2 度擔任法國總理。

[95] 4 次訪中時間分別是 1997 年 5 月、2000 年 10 月、2004 年 10 月及 2006 年 10 月。參考：《中法政治關係概覽》，*中華人民共和國駐法蘭西共和國大使館* (28 Nov 2006), http://www.amb-chine.fr/chn/zfgx/zzgx/t262770.htm (29 Aug 2009)

表 5-2　席拉克與中國互動大事紀

事件總數：21
統計時間：1978-2010.11.5

編號	日期			紀事要點
1			1978	席拉克以巴黎市長身分訪問中國
2			1991	席拉克以法國總理身分訪問中國
3		May	1997	席拉克以法國總統身分訪問中國
4		Oct	2000	席拉克以法國總統身分訪問中國
5	18	Mar	2003	胡錦濤應約與法國總統席拉克通電話時說，只有發揮聯合國的作用，維護安理會的團結和權威，在聯合國框架內政治解決伊拉克問題，才是正確的方向。
6	1	Jun	2003	胡錦濤在出席南北領導人非正式對話會議前，赴法國東南小城埃維昂（Evian）與席拉克會晤。
7	29	Sep	2003	胡錦濤應約與法國總統席拉克通電話[96]。
8			2004	中法建交 40 週年
9	26-29	Jan	2004	胡錦濤抵達巴黎進行 3 天國事訪問，29 日離巴黎。
10	31	Mar	2004	胡錦濤應約與法國總統席拉克通電話[97]。
11	1	Sep	2004	中國外交部消息，9 月 1 日晚，胡錦濤應約與法國總統席拉克通電話。
12	9	Oct	2004	席拉克國事訪問中國
13	5	Dec	2004	據「法新社」報導，中共國家主席胡錦濤與法國總統席哈克通電話，主要重點是歐盟對中國武器禁運問題。由於三天後中共與歐盟即將在海牙舉行中國－歐盟高峰會，而中共總理溫家寶也將與會，因此此一通話備受外界關注[98]。

---

[96] 《胡錦濤與希拉克通電話》，中華人民共和國駐法蘭西共和國大使館 (29 Sep 2003), http://www.amb-chine.fr/chn/zfgx/zzgx/t154670.htm (29 Aug 2009)

[97] 《國家主席胡錦濤與法國總統希拉克通電話》，中華人民共和國駐法蘭西共和國大使館 (31 Mar 2004), http://www.amb-chine.fr/chn/zfgx/zzgx/t154687.htm (29 Aug 2009)

[98] 「法德要賣空巴，北京等軍售解禁」，中國時報 (6 Dec 2004)

14	9	May	2005	胡錦濤在出席俄羅斯紀念衛國戰爭勝利六十周年慶典離開莫斯科前，在下榻的飯店會見了法國總統席拉克。
15	7	Jul	2005	胡錦濤在英國蘇格蘭出席八國集團同中國、印度、巴西、南非、墨西哥領導人對話會，期間會晤席拉克要求繼續推動解除武禁[99]。
16	5	Dec	2005	溫家寶對法國進行正式訪問，在巴黎會見法國總統席拉克。
17	17	Jul	2006	胡錦濤於俄國聖彼得堡會見席拉克
18	25-28	Oct	2006	席拉克國事訪問中國
19	16	May	2007	席拉克卸任法國總統
20	28	Apr	2009	胡錦濤在北京釣魚台國賓館會見法國前總統席拉克
21	5	Nov	2010	胡錦濤國事訪問法國，在巴黎會見法國前總統席拉克。

整理：梁正綱

製表時間：8 May 2011

　　席拉克主政時期的法國政府與中國關係的親密，也呈現在法國其他政治人物令人驚訝的言論，如國際社會普遍抨擊中國 2005 年 3 月頒布的《反分裂國家法》，惟法國總理拉法蘭（Jean-Pierre Raffarin）2005 年 4 月訪問中國時卻說：《反分裂國家法》的制定契合法國「一個中國」政策，而「一國兩制」是台灣問題最佳的解決方案云云[100]。席拉克也曾猛烈批評台灣的民主發展，視法國經常運用的公民投票為台灣海峽不穩定之因素。

　　1997 年 5 月，席拉克首度以法國總統身分訪問中國[101]，與江澤民正式簽署「全面夥伴關係」並發表中法聯合聲明，這是中國第一次與西方國家建立特殊夥伴關係[102]。2003 年 6 月，席拉克率先公開

---

[99] 《胡錦濤主席會見法國總統希拉克》，中華人民共和國駐法蘭西共和國大使館 (8 Jul 2005), http://www.amb-chine.fr/chn/zfgx/zzgx/t204481.htm (29 Aug 2009)

[100] Jean-Pierre Cabestan, "The Taiwan issue in Europe-China relations." in *China-Europe relations: perceptions, policies and prospects*, edited by Eberhard Sandschneider David L. Shambaugh, Hong Zhou, 2008 p.94

[101] 作者註：席拉克 1995 年於擔任法國總統前，曾分別於 1978 及 1991 年至少兩度訪問中國。

[102] 《中國駐法大使：不一般的國家不一般的關係》，中華人民共和國駐法蘭

表示歐盟對中國武禁達 14 年，這項政策已經不合時宜。2004 年 1 月，席拉克與胡錦濤更共同促成中法關係提昇至「全面戰略夥伴關係」[103]。

媒體報導：席拉克在中法兩國關係中，還曾創下其他多項「第一」：第一位倡導中法互辦「文化年」的領導人；第一位反對在日內瓦人權會議上批評中國的西方總統；第一位明確反對陳水扁總統借公投名義搞「台獨」；第一位力主解除歐盟對中武器禁運；第一位明確表示「世界前途在很大程度上取決於中國」[104]。

中法兩國都主張多極世界，反對單邊主義[105]。在席拉克主政期間，不難理解 2003 年至 2006 年的中法關係，被稱作處於「歷史上最好時期」[106]。

另一位要角則是德國總理施若德（**參考表 5-3：施若德總理任內與中國互動大事紀**）。施若德立場親中反美，對美國發動伊拉克戰爭尤其堅決反對。施若德在連續擔任德國總理的 7 年中，幾乎每年都到中國訪問。2003 年底施若德在北京向溫家寶表示，歐盟解除對中國武器禁運的時機已到，他將促使這項政策得以實現。

西共和國大使館 (8 Jan 2004), http://www.amb-chine.fr/chn/zfgx/zzgx/t154643.htm (29 Aug 2009)

[103] Jean-Pierre Cabestan, "The Taiwan issue in Europe-China relations." in *China-Europe relations: perceptions, policies and prospects*, edited by Eberhard Sandschneider David L. Shambaugh, Hong Zhou, 2008 p.94

[104] 香港文匯報,「法國告別希拉克時代」,*香港文匯報*（13 Mar 2007）, http://paper.wenweipo.com/2007/03/13/HT0703130001.htm (29 Aug 2009)

[105] 《中國駐法國大使：不一般的國家不一般的關係》,*中華人民共和國駐法蘭西共和國大使館* (8 Jan 2004), http://www.amb-chine.fr/chn/zfgx/zzgx/t154643.htm (29 Aug 2009)

[106] 《中法關係處於歷史上最好時期》, *中華人民共和國駐法蘭西共和國大使館* (24 Oct 2006), http://www.amb-chine.fr/chn/zfgx/zzgx/t277279.htm (29 Aug 2009)

表 5-3　施若德總理任內與中國互動大事紀

事件總數：24

統計時間：1999.5-2005.11.13

編號	日期			紀事要點
1	12	May	1999	北約 5 月 8 日炸毀中國駐南斯拉夫大使館，施若德總理 12 日對中國進行一日工作訪問，是炸館慘案後首位訪中的北約成員國領袖。江澤民、朱鎔基和唐家璇分別與施若德會見。（**總理任內第一次訪問**）
2	7	Nov		施若德總理國事訪問中國。（**總理任內第二次訪問**）
3	29	Jun	2000	朱鎔基 6 月 29 日至 7 月 3 日正式訪德。朱鎔基同施若德總理進行正式會談。雙方簽署《中德法律交流與合作協議》、《中德經濟、工業和技術領域合作協定》、《中德基礎設施合作諒解備忘錄》等協定。
4	19	Oct		朱鎔基和施若德總理在漢城第三屆亞歐會議期間再次會晤，就雙邊關係、磁懸浮列車合作、中國入世及朝鮮半島等問題交換意見。
5	17-23	Jun	2001	吳邦國副總理應德聯邦政府邀請訪德，會見德總理施若德。
6	31	Oct		應朱鎔基總理邀請，施若德總理對中國進行為期三日的國事訪問。隨同來訪的有德國內政部長、經濟部長、聯邦議員和企業家等 180 餘人。（**總理任內第三次訪問**）
7	8-11	Nov		國家副主席胡錦濤首次對德國進行正式訪問。胡錦濤同施若德總理進行正式會談，會見德總統、外長、議長等。訪德期間，胡錦濤還與副總理兼外長共同出席中國駐德使館新館的開館儀式。
8	8-13	Apr	2002	江澤民對德國進行第二次國事訪問。
9	19	Nov		施若德以德國社民黨主席身分電賀胡錦濤在中國共產黨第 16 次全國代表大會上當選中央委員會總書記。
10	28	Nov		外長唐家璇訪問德國，在柏林與總理施若德會談。
11	29-31	Dec		德國總理施若德 29 日抵達北京對中國進行為期 3 日的工作訪問，並出席上海磁浮列車通車典禮。（**總理任內第四次訪問**）
12	30	Dec		12 月 30 日上午，國家副主席胡錦濤在人民大會堂會見

				施若德。
13	4	Mar	2003	江澤民下午應約與德國總理施若德通電話，就伊拉克問題交換意見。
14	15	Mar		德國總統和德國總理施若德分別向胡錦濤發來賀電，祝賀他當選中華人民共和國際主席。
15	16	Mar		德國總理施若德向溫家寶發來賀電，祝賀他任中華人民共和國總理。
16	30	Apr		德國總理施若德致電中國總理溫家寶，對中國發生非典型肺炎疫情表示慰問，並對中國政府和人民抗擊「非典」鬥爭表示支持。
17	3	May		德國總理施若德在獲悉中國海軍 361 號潛艦失事後，致電中國國家主席胡錦濤，對該艦官兵遇難表示哀悼。
18	20	Oct		德國總理施若德致電中國總理溫家寶，熱烈祝賀中國首次發射載人太空船成功。
19	1	Dec		應溫家寶總理邀請，總理施若德 12 月 1 日至 4 日對中國進行正式訪問。除訪問北京外，施若德還率領一個大型經貿代表團訪問廣州和成都。(**總理任內第五次訪問**)
20	3	May	2004	溫家寶總理正式訪問德國，兩國發表聯合聲明，宣布在中國與歐盟全面戰略夥伴關係框架內，建立具有全球責任的夥伴關係。
21	6	Dec		施若德總理 6 日至 8 日對中國進行工作訪問。 12 月 7 日下午，胡錦濤在人民大會堂會見施若德。雙方簽署《中德關於在北京中南海與柏林聯邦總理府之間建立直通保密線路的協議》等多項政府協議和經貿合同。在曾培炎副總理陪同下，施若德總理還訪問長春並出席東北三省與德國經貿合作座談會。(**總理任內第六次訪問**)
22		May	2005	胡錦濤在莫斯科出席俄羅斯紀念衛國戰爭勝利 60 週年慶典期間，與德國總理施若德會見。
23		Jul		胡錦濤在蘇格蘭出席八國集團 8＋5 對話會期間與施若德會見。
24	10-13	Nov		胡錦濤對德進行首次國事訪問。 11 月 11 日，胡錦濤在柏林會見德國總理施若德。

整理：梁正綱

製表時間：8 May 2011

參考來源：《中德關係－高層互訪和雙邊往來》，中華人民共和國駐德意志聯邦共
　　　　　和國大使館 http://www.china-botschaft.de/chn/zdgx/gchf/t89273. htm (4
　　　　　May 2011)

　　　　　崔巍，「中國－德國關係大事紀」，中國網（29 Apr 2004），http://www.
　　　　　china.com.cn/chinese/zhuanti/wjbfo/555978.htm (4 May 2011)

　　儘管在德國聯邦議會中引起巨大的批評，包括執政聯盟內其他政黨以及在野黨都有反對聲浪，甚至有議員擬提出不信任案，施若德仍表示根據德國憲法聯邦政府有權自行決定外交政策，堅持繼續推動歐盟解除對中國武禁[107]。

　　2005 年 11 月 22 日，梅克爾（Angela Merkel）取代施若德成為德國總理。她宣示德國外交政策須基於人權考量，不支持解除對中禁運[108]。梅克爾無法不顧及德國的商業利益，因為與中國的經貿往來對德國太重要。德國是中國在歐洲最大的貿易夥伴，而中國則是德國在亞洲最重要的經濟夥伴，也是歐洲以外第二大的出口市場。單是 2007 年德國對中國的出口總值，就超過法國與中國的 3 倍，更幾乎是英國與中國的 6 倍。德國企業的遊說團體影響力也很強大，不過梅克爾仍然採取堅定的立場，不懼中國壓力，2007 年不僅在總理府接見達賴喇嘛，也是世界上第一個宣布不參加北京奧運會開／閉幕式的國家領袖[109]。

　　2007 年接替席拉克的法國新總統薩科齊（Nicolas Sarkozy）不遑多讓，先是威脅杯葛參加北京奧運開幕式，之後又因奧運聖火傳遞在法國巴黎遭到干擾，引發中國大陸抵制法貨等風潮。法國輪值 2008 下半年歐盟主席國，由於薩科齊執意接見達賴引發中國不快，原訂 2008 年 12 月舉行的中歐峰會更不尋常的延後。

[107] 胡蕙寧，「德議員擬對總理不信任投票」，自由電子報 (1 Apr 2005), http://www. libertytimes.com.tw/2005/new/apr/1/today-p11.htm (8 Sep 2009)

[108] Francis T. Miko, "Germany's "Grand Coalition" Government: Prospects and Implications", *Congressional Research Service* (17 Jan 2006), , p. CRS-16

[109] Ingrid d'Hooghe, *The Limits of China's Soft Power in Europe*, *Netherlands Institute of International Relations Clingendael* (2010), p.26

兩位歐洲領袖大力推動歐盟解除對中國武器禁運：
左為法國總統席拉克、右為德國總理施若德。

　　法、德兩國領導人的更替，使得解禁議題急轉直下，迄 2010 年英、法、德三個歐洲大國，再無領袖積極推動解禁。

二、歐盟追求戰略自主

　　隨著歐盟的發展和壯大，歐盟也追求在國際社會上，能發揮外交及安全的影響力。「解除對中武禁」似在商業、經濟上，以及形塑「多極世界」的戰略考量上，均符合歐盟自身利益。

　　德國馬歇爾基金會（German Marshall Fund）研究員斯莫（Andrew Small）說：歐盟與中國關係受美國影響很深。歐盟大部分對中國政策，採用美國作法為參考藍本。斯莫也認為歐盟解除武禁之舉，是回應美國 2002 至 2006 年間高漲的單邊主義，拉攏中國平衡美國[110]。因此，歐盟在解禁議題上能否頂住美國壓力，擺脫在國際事務上跟隨美

---

[110] Andrew Small Sven Biscop, Stan Sloan, Feng Zhongping, "European Security Strategy and its Impact on the United States and China", Carnegie *Endowment* (9 Mar 2009)

國亦步亦趨的刻板印象，成為檢驗歐盟是否能獨立自主遂行安全政策的試金石。義大利參議院副主席艾瑪‧伯尼諾（Emma Bonino）在 2008年一次討論歐盟願景的研討會即表示：美國決定、歐洲跟隨的時代已經結束[111]。

　　中國國際問題研究所特約研究員火正德（Huo Zhengde）指出：解禁迫使歐盟在「維護歐美同盟關係」還是「加強中歐戰略關係」之間做艱難抉擇。或者說，解禁亦是歐盟在「如何適應中國發展」和「兼顧歐美同盟關係」之間，尋找平衡點的一個過程。他並分析解禁最終將做出 4 項關鍵檢驗[112]：

- 中歐戰略關係的品質。
- 歐盟對美國的獨立性。
- 歐盟對於潛在的台海危機中的立場。
- 歐盟對美國在亞太地區的戰略地位和作用的立場。

三、歐盟架構制度造成限制

　　歐盟組織架構及決策流程，從制度面上也限制「對中武器禁運」的順利解除。以下分就表決制度、輪值主席及議會扮演角色等進行探討：

- 一致表決制

　　歐盟在 2009 年 12 月 1 日《里斯本條約》生效前，大多數政策領域上使用「多數表決制」，而在一些重大問題上，則採用「一致表決制」。簡單的說，「一致表決制」就是歐盟的決定，需要得到全部成員國批准，這意味着每個國家都擁有否決權，也有稱作「一票否決制」。「一致表決制」適用的範圍主要在：外交與安全、內政司法、稅收、憲法事務、社會保障機制、能源、文化、工業和與發達國家簽署協定等。

---

[111] Carnegie Endowment. 2008. "What do Europeans want from a Post-Bush Foreign Policy?" in *New Vision Conference Session*. Brussels.

[112] 火正德，「論中歐戰略關係」，《國際問題研究》*2005 年第 2 期*。

在「共同外交暨安全政策」領域上，除少數例外（如任命歐盟特別專員），率皆適用「一致表決制」。「解除武禁」案屬歐盟外交與安全範疇，因此其決議必須要歐盟所有會員國無異議通過，這無疑造成解除武禁極高的門檻。歐盟成員國於 2004 年 5 月 1 日一舉從 15 個擴增至 25 個會員國，2007 年再增至 27 國，對推動解禁而言，挑戰更是有增無減。

2007 年 12 月歐盟各國領導人簽署《里斯本條約》，並於 2009 年 12 月正式開始實施。為簡化決策過程，《里斯本條約》將劃歸更多政策領域到「有效多數表決制」範圍，但在外交和安全的領域有可能維持「一致表決制」，對支持解禁的一方前景仍不看好。

■ 歐盟主席輪值制

在《里斯本條約》2009 年 12 月由各會員國全數通過且正式實施之前，歐盟主席制是每半年由會員國輪換一次。擔任歐盟輪值主席國，享有討論議題的設定權。2004 年至 2005 年第 7 及第 8 兩屆「中歐峰會」召開期間，也是解除武禁極為關鍵的時刻，是分別由荷蘭與英國輪值歐盟主席國。

同時期與其他老歐洲國家（特別是法國、德國）相較，荷蘭與英國立場向來比較親美。當英、荷兩國挑大樑與中國進行雙邊峰會，理所當然特別關注到美國在解禁議題上的主張及立場，美國也更容易發揮影響力以維護自身利益。不應排除英、荷兩國有可能在美國施壓下，寧可選擇將「解禁」決議案留給下任輪值主席國來處理（**參考表 5-4：歐盟理事會輪值主席國 1989-2010**），也不要明擺著開罪美國。英國在接任歐盟輪值主席前，即不願意對解禁案許下明確承諾[113]，官員也指出：英國首相布萊爾不會在重大議題上做出有違美國期望的決定[114]。

---

[113] Eugene Kogan Ezio Bonsignore, "Fatal Attraction: The EU Defence Industry and China", *NATO's Nations and Partners for Peace 2* (2005), p.13

[114] Steven R. Weisman, "European Union Said to Keep Embargo on Arms to China", *The New York Times* (22 Mar 2005)

表 5-4　歐盟理事會輪值主席國

統計時間：1989-2010

年	月份	輪值主席國		備考
1989	Jan-Jun	Spain	西班牙	
	Jul-Dec	France	法國	
1990	Jan-Jun	Ireland	愛爾蘭	
	Jul-Dec	Italy	義大利	
1991	Jan-Jun	Luxembourg	盧森堡	
	Jul-Dec	Netherlands	荷蘭	
1992	Jan-Jun	Portugal	葡萄牙	
	Jul-Dec	United Kingdom	英國	
1993	Jan-Jun	Denmark	丹麥	
	Jul-Dec	Belgium	比利時	
1994	Jan-Jun	Greece	希臘	
	Jul-Dec	Germany	德國	
1995	Jan-Jun	France	法國	
	Jul-Dec	Spain	西班牙	
1996	Jan-Jun	Italy	義大利	
	Jul-Dec	Ireland	愛爾蘭	
1997	Jan-Jun	Netherlands	荷蘭	
	Jul-Dec	Luxembourg	盧森堡	
1998	Jan-Jun	United Kingdom	英國	第 1 屆中歐高峰會
	Jul-Dec	Austria	奧地利	
1999	Jan-Jun	Germany	德國	
	Jul-Dec	Finland	芬蘭	第 2 屆中歐高峰會
2000	Jan-Jun	Portugal	葡萄牙	
	Jul-Dec	France	法國	第 3 屆中歐高峰會
2001	Jan-Jun	Sweden	瑞典	
	Jul-Dec	Belgium	比利時	第 4 屆中歐高峰會
2002	Jan-Jun	Spain	西班牙	
	Jul-Dec	Denmark	丹麥	第 5 屆中歐高峰會
2003	Jan-Jun	Greece	希臘	
	Jul-Dec	Italy	義大利	第 6 屆中歐高峰會

2004	Jan-Jun	Ireland	愛爾蘭	
	Jul-Dec	Netherlands	荷蘭	第 7 屆中歐高峰會
2005	Jan-Jun	Luxembourg	盧森堡	
	Jul-Dec	United Kingdom	英國	第 8 屆中歐高峰會
2006	Jan-Jun	Austria	奧地利	
	Jul-Dec	Finland	芬蘭	第 9 屆中歐高峰會
2007	Jan-Jun	Germany	德國	
	Jul-Dec	Portugal	葡萄牙	第 10 屆中歐高峰會
2008	Jan-Jun	Slovenia	斯洛維尼亞	
	Jul-Dec	France	法國	
2009	Jan-Jun	Czech Republic	捷克	第 11 屆中歐高峰會
	Jul-Dec	Sweden	瑞典	第 12 屆中歐高峰會
2010	Jan-Jun	Spain	西班牙	
	Jul-Dec	Belgium	比利時	第 13 屆中歐高峰會

■ 歐洲議會角色

　　歐盟下的三大機構（理事會 Council、執委會 Commission、歐洲
議會 Parliament）各司其職，理事會負責決策、執委會常務工作、歐
洲議會監督諮詢，一般立法程序是由執委會提交給理事會與歐洲議會
共同決定（參考圖 5-2　歐盟一般立法程序圖）。

圖 5-2　歐盟一般立法程序圖

在「共同外交暨安全政策」（CFSP）決策制定上，最核心也最終的決策機構是**理事會（the Council）**，執委會及歐洲議會僅扮演有限的角色[115]。《歐盟條約》也規定理事會負責歐盟外交政策的一致性及透明度[116]。不過在解禁議題上，擔任「共同外交暨安全政策」高級代表以及理事會秘書長的索拉納，雖然個人曾表達支持解除禁運的態度，卻發現到會員國間立場嚴重分歧，由於擔心爭議將傷害到理事會的運作，曾傳出索拉納要求理事會盡可能置身事外，低調處理解禁議題，且僅置重點於技術性問題[117]。

執委會在對中武禁議題上僅於「意見形成階段」加入討論，但卻並不涉入決策作業。另外執委會還扮演一項重要的角色，便是向美國解釋歐盟的立場[118]。

歐洲議會在許多政策領域具有決定權，但在外交及軍事政策這個領域，「共同外交暨安全政策」（CFSP）則並未賦予實權。也就是說，歐洲議會在外交議題上提出的意見不具強制力，僅具諮詢功能、扮演邊緣角色。在解禁議題上，歐洲議會經常通過決議促進中國改善人權，也曾投票通過反對解除「對中武器禁運」，但權責均不在議會，充其量只能反映歐洲民意。

■ 歐盟成為保護傘

藉由歐盟在超國家層級的運作，會員國可避免獨力作戰而付出高昂代價，特別是在應付強權國家。歐盟成立後，部分較小的成員國在與其他強權遂行外交折衝時，傾向將一些難以抗拒的壓力轉嫁到歐盟

---

[115] May-Britt U. Stumbaum, *The European Union and China, Decision-Making in EU Foreign and Security Policy toward the People's Republic of China*, Nomos (2009), p.167

[116] Franco Algieri, "It's the system that matters: Instititionalization and making of EU policy toward China." in *China-Europe relations: perceptions, policies and prospects*, edited by Eberhard Sandschneider David L. Shambaugh, Hong Zhou, 2008 p.80

[117] May-Britt U. Stumbaum, *The European Union and China, Decision-Making in EU Foreign and Security Policy toward the People's Republic of China*, Nomos (2009), p.167

[118] Ibid., p.168

體制上。這些成員國策略運用「歐盟」當作擋箭牌，以集體力量避開與強權的直接衝突或承受其壓力。常見的遁詞有：受限於歐盟規範、必須提交歐盟討論、這是歐盟共同的決定等。

解禁議題事涉兩大強權，歐盟成員國在受到中國及美國施壓時，即可見上述的策略運用。但也有批評者指出：某些成員國積極鼓吹其他成員國默許或同意歐盟解禁，一旦日後又發生中國迫害人權或破壞區域均勢等情事，而要回頭追究時，也會拿「歐盟」做保護傘來規避責任。

■ 東歐國家入盟助長反方聲勢

2004 年 5 月 1 日，歐盟新增 10 個主要屬中、東歐的會員國，包括馬爾他、塞浦路斯、波蘭、匈牙利、捷克、斯洛伐克、斯洛文尼亞、愛沙尼亞、拉脫維亞和立陶宛。同時期北約組織也進行東擴吸收一些前蘇聯附庸國入會，這些所謂「新歐洲」成員國，急於投向西方懷抱動機之一是為尋求美國的安全保護。「新歐洲」普遍的親美立場，在歐盟內部對法國、德國形成牽制作用。而解除禁運需要所有會員國無異議一致通過，間接讓美國得以從容發揮影響力，阻止解除禁運案的順利通關。

中國曾強力對歐盟各國進行遊說，期盼能在 2004 年 5 月前達成解除禁運決議[119]，應係上述相同之考量。

■ 歐盟決策流程緩慢

歐盟最初係以共同市場的整合為先，在經濟上的一體化進程相較其他領域也最為成功。中國在與歐盟協商經貿議題時，能清楚知道該找誰談以及達成哪些協議，但涉及政治軍事的議題，卻常常要碰壁[120]。

應用國際關係理論來解釋歐盟是很大的挑戰，從「類國家」（quasi-state）到「國際組織」等名詞都曾用過描述歐盟。歐盟與一般傳統概念的「國家」難以相提並論，決策過程必須顧及超國家（supranational，

---

[119] Ibid., p.178

[120] Jing Men, "EU-China Relations: from Engagement to Marriage?" *Department of EU International Relations and Diplomacy Studies* (Jul 2008), p.17

超越國家之上）、國家（national）、次國家（subnational，國家之下）不同層級的共同利益，既獨特且複雜[121]。

　　為求能獲得及建立各成員國、各不同層級間的共識，歐盟協商過程免不掉複雜冗長，也容易讓其他強權趁隙「分而擊之」（divide and conquer）。由於決策流程的緩慢，使得美國等反對解禁力量來得及發揮作用。2003 年開始，儘管有法、德兩大國積極鼓吹，並順利於2004 年將對中武禁解除案納入歐盟春季議程，但之後的進程卻不斷陷於膠著。

　　歐盟也認清在制度面上的限制，以及決策流程的無效率，使外交及安全事務等重大問題上缺乏足夠應變能力，期盼《里斯本條約》實施後能有效改善。

四、台海情勢頻生變數

　　台海兩岸局勢的變化，是隱隱牽動解禁決策的一項因子。下列台海兩岸涉及「區域安全與穩定」的因素，間接或直接影響到武禁解除的決策及時機選擇：

■ 解禁破壞軍力平衡

　　這是反對解禁者一項有力且重要的論述，也是從戰略及安全的觀點來剖析解除對中國武禁可能的後果。從台灣的角度來看，近年來解放軍現代化腳步加快，兩岸軍力失衡且日益傾斜，而台灣政府國軍軍備來源主要限於美國的「防衛性武器」，歐盟再要解禁，中國軍備來源管道增加，歐洲先進技術加上中國自力發展的國防工業，不啻讓台海防衛雪上加霜。

　　歐盟解除對中武禁受影響的不只是台灣而已，美國、日本在亞太的安全與利益亦將深受威脅。維持歐盟武禁，或可多爭取一些緩衝時間。

---

[121] Franco Algieri, "It's the system that matters: Instititionalization and making of EU policy toward China." in *China-Europe relations: perceptions, policies and prospects*, edited by Eberhard Sandschneider David L. Shambaugh, Hong Zhou, 2008, p.65

■ 歐盟考量台海政治情勢

　　台灣的政治活動也列入歐盟解禁時機的考量，不只一次用作延緩決議的理由。包括總統大選及立法委員選舉，似乎都適時在歐盟做出解禁決定時機發揮作用。

　　2004 年 1 月 26 日，歐盟各國外長在布魯塞爾舉行的會議中，否決法國所提解除對中國武器禁運的提議；歐盟 15 國外長同意在台灣總統大選（2004 年 3 月）前，不對與兩岸有牽連的重大議題達成任何決定[122]。2004 年 8 月，英國政府也堅持武禁不應於美國總統大選（2004 年 11 月）或台灣立法委員選舉（2004 年 12 月）前解除[123]。

　　2004 年 12 月 8 日，第 7 屆中歐峰會於於荷蘭海牙召開，事前許多觀察家紛紛預測：會議中有望通過解除對中武禁，但該次會議舉行的 3 日後卻也正逢台灣立法委員選舉。有論者指出，2004 年 3 月 20 日民進黨推出的總統候選人陳水扁在「三一九槍擊案」後僅以 0.228% 之差險勝連任，若傾向台灣獨立的民進黨又贏得立院選舉，則有可能走向法理台獨，台海安全情勢將更險峻，歐盟因此決定在這個敏感時刻暫時擱置解除武禁議題[124]，僅通過原則上朝解禁方向來邁進的決議。

■ 《反分裂國家法》連鎖效應

　　2005 年 3 月 14 日，中國通過目的在嚇阻台灣走向獨立的《反分裂國家法》。《反分裂國家法》中強調使用「非和平手段」的主張，則成為美國遊說以及施壓歐盟的一項有利切入點。整個國際輿論在《反分裂國家法》公布後出現對中國負面不利的發展，普遍認為歐盟此時若立即解除對中國武器禁運，時間點的選擇並不恰當，應該延後決定甚或重新考量。

---

[122] 《大陸情勢 200404》，行政院大陸委員會 (Apr 2004)，http://www.mac.gov.tw/public/Attachment/962921352545.pdf (2 Apr 2011), p.71

[123] May-Britt U. Stumbaum, *The European Union and China, Decision-Making in EU Foreign and Security Policy toward the People's Republic of China, Nomos* (2009), p.178

[124] Kristin Archick, Richard F. Grimmett, and Shirley Kan, "European Union's Arms Embargo on China: Implications and Options for U.S. Policy", *Congressional Research Service* (27 May 2005), p. CRS-6

　　歐盟也對《反分裂國家法》作出反應。歐盟發表聲明呼籲「海峽兩岸應避免採取升高緊張情勢的單邊行動」；歐洲議會則於 2005 年 4 月 14 日表達：「嚴重關切中國部署大量飛彈瞄準台灣，且中國所謂的《反分裂國家法》是惡化台海情勢的不當作法」。

　　《反分裂國家法》所牽動的國際變化與連鎖反應，可能超出中國預料之外，在歐盟擺盪中的解禁案，竟然產生讓對手「臨門一腳」、而己方「功敗垂成」決定性的效果。

五、人權與安全輕重權衡

　　西歐是現代人權理念和保障制度的發揚地。近代人權思想萌芽於中世紀義大利的文藝復興時期，而以保障政治民主以及個人自由為內涵的基本人權精神，則起源於英國。從 1215 年的大憲章爭取宗教及人身自由、1628 年的權利請願書重申大憲章的基本權利、1679 年的人身保護法到 1689 年的權利法案，人權保障進一步獲得提昇[125]。

　　人權為歐盟的核心價值，「基本人權」成為歐盟重要的法律原則。在 1948 年「世界人權宣言」的激勵下，1950 年「歐洲理事會」通過《歐洲人權公約》，進一步確保生命權、免於凌虐、公正審判、表現自由等基本人權。歐盟各會員國均以提倡民主及人權發展為重心，在立法、行政和司法上，已相當程度體現人權保障的要求。

　　儘管歐盟建立伊始是以經濟發展、推動共同市場等的功能性取向為主，但隨著歐盟擴大及日益完善，對人權保障亦越加重視。歐盟不僅在內部促進歐洲國家人權狀況，在對外關係上也延伸理念，要求人權紀錄不良國家進行改善。

　　歐盟對中國人權政策，初期採取中止經貿合作的方式，但因成效不彰而停止。而後與中國展開各種層級的政治對話及合作計畫，希望能有效改善中國人權。人權對話原來只是政治對話中的一個子項目，

---

[125] 洪茂雄、陳隆志，「歐洲聯盟人權外交執行方式及其成效之探討－兼論對台灣人權外交的啟示」，*新世紀文教基金會*（Dec 2001）。

但歐盟與中國都發現彼此在人權議題上存有鴻溝，有必要加強對話，因此 1995 年決定將人權對話分離出來單獨進行，中國成為歐盟首個就人權議題個別進行對話的國家。1996 年 1 月中歐召開首次人權對話，1997 年雖因丹麥及其他 9 個歐盟會員國於聯合國人權委員會提案抨擊中國而暫停，但 1997 年稍晚中國同意再恢復對話[126]。

1997 年是由丹麥領頭提案譴責中國的人權狀況，但法、德、義、西卻決定不參與連署。法國政府發言人表示：與其連年譴責，寧可採取更建設性的對話方式來謀求改善[127]。中國的實力不斷擴增，歐盟有關人權問題目前以協商代替對抗的方式已行之有年，但效果不彰，也正研擬如何加大力度，以及與其他議題相聯結[128]。

歐盟在處理與中國關係時，人權標準是否調降曾遭質疑。美國哥倫比亞政治學教授黎安友（Andrew James Nathan）呼籲不能因中國是強權而有雙重標準，他說：對中國與對越南、薩伊（Zaire）或沙烏地阿拉伯等國產生差異，不在國際標準的適用性，而在中國對西方及全球利益有潛在巨大的衝擊。人權標準對中國應該要一視同仁，不能任由中國在國際上的重要性**合法化**其對人權的侵犯。在世界上不尊重人權國家中，中國對人權的侵犯更需要急迫且持久的關注[129]。

一些中國的歐洲觀察家，稱歐盟對中國人權紀錄的批評源自於「歐洲歷史上形成的優越感，是『歐洲中心主義』」。其他學者則將此歸因於中、歐不同的價值觀、政治制度、歷史文化，並且指出：中、歐應對歧異採取「同意各自保留意見」（agree to disagree）的態度[130]。

---

[126] Jing Men, "The EU-China Political Dialogue", *EU-China Observer 2010 Issue 5*, pp.3-4.

[127] Ibid., p.4

[128] 湯紹成，「歐盟對兩岸關係發展之態度」，《海峽評論》22, (Jun 2009), http://www.haixiainfo.com.tw/FF/222-7620.html, (1 Sep 2009)

[129] Franco Algieri, "It's the system that matters: Instititionalization and making of EU policy toward China." in *China-Europe relations: perceptions, policies and prospects*, edited by Eberhard Sandschneider David L. Shambaugh, Hong Zhou, 2008, p.78

[130] David Shambaugh, "China eyes Europe in the world: real convergence or congnitive dissonance?" in Ibid., p.136

　　歐盟在對中國實施武器禁運的進程中，考量「人權」與「安全」的比重有過變化。如前所述，歐盟在 1989 年「天安門事件」後對中國實施武器禁運，成因主要在於「對一國或一組織之某種行為（如迫害人權），所傳遞之反對或不贊成信號」[131]。2003 年法國開始鼓吹解禁時，歐盟會員國拒絕將解禁案與台海「安全」帶上關係，強調是單純的「人權」問題[132]。惟隨著解禁案熱烈的討論，焦點漸漸自「人權」移向「安全」。由於「天安門事件」已歷十餘年，中國「人權紀錄」雖無明顯改善，近期卻也無重大迫害事件，適逢《反分裂國家法》發酵，於是歐盟維持禁運決策的依據，改成：「在一個可能發生衝突或具有紛爭的區域，保持中立或避免情勢更惡化」。

　　簡單的說，就是「安全」考量已凌駕「人權」考量，也符合德國向來秉持的原則：「不向緊張地區（Spannungsgebiet）出售武器」。解除武禁雖不能等同於出售武器，但意涵相同。此外，「安全」還有更廣泛的涵義，不僅是「可能引發衝突區域」的安全，也包括「盟邦」（美國）的戰略安全，還有「防制大規模殺傷性武器擴散」的安全。

六、美國行政立法一致施壓

　　在歐盟對中解除武禁議題上，美國始終站在反方。但美國不論以人權或是安全的理由、懷柔或是威嚇的方式企圖說服及影響歐盟，卻總感覺有些使不上力。如 2005 年 2 月，美國小布希總統訪歐與法國總統席拉克會晤時，曾明確反對歐盟解除對中武器禁運，擔心將因此破壞台海軍事平衡，但法國總統席拉克還是表示：「歐盟打算消除與這個重要國家（中國）發展關係的最後障礙[133]」。

---

[131] 作者註：參考本文第四章有關武器禁運原因之論述。

[132] Jean-Pierre Cabestan, "The Taiwan issue in Europe-China relations." in *China-Europe relations: perceptions, policies and prospects*, edited by Eberhard Sandschneider David L. Shambaugh, Hong Zhou, 2008, p.96

[133] 中國日報網站，「*紐約時報：歐盟解除對華武器禁運絕不只是想賣武器*」，*新華社*（24 Feb 2005）。

美國對歐洲影響力減弱的原因，拜當時美歐關係不睦、矛盾加深所賜。2003 年到 2004 年間，美國與歐洲國家之間關係，由於小布希政府某些政策及作為而受損。包括：入侵伊拉克、拒絕簽署京都氣候議定書、高舉「反恐戰爭」大纛、反對國際罪犯法庭章程等。許多歐洲人認為小布希政府過於「單邊主義」，太過依賴軍事力量，不重視國際條約及規範。2003 年至 2005 年間的「歐盟對中解除武禁」與伊拉克危機、中東以巴衝突、關達那摩灣（Guantanamo Bay）拘禁人員等議題，同列為美歐存有歧見，且造成摩擦的因素[134]。可以說歐洲國家在武禁議題上對美國的不買帳，與上述其他存有歧見議題一樣，顯示出美歐「跨大西洋關係」的緊張。

美國一面檢討如何才能有效勸阻歐盟，一面又考量若解禁通過可採取的因應措施；甚至也做最壞的打算，研擬若欲繼續與歐洲國家維持同盟，而在對中政策上，又發生衝突時可用的替代方案。解禁案在美國國內具高度敏感性，有分析師指出：歐盟解除對中武禁結果之嚴重，甚至會導致北約組織瓦解[135]。若非由於美國對解禁案即時表態並採取行動，以及《反分裂國家法》「適時」出現，且引起整個國際社會負面觀感的連鎖效應，美國極有可能眼睜睜地看著歐盟順利解除對中武禁。

歐盟在解禁上所顯示出的遲疑以及不確定，絕大部分是受到美國壓力。就算積極推動力主解禁的歐盟領袖，也能強烈感受到美國並不只有口頭警告，一旦解禁勢必會引來美國實際行動，對跨大西洋的夥伴關係造成傷害[136]。

美國在處理歐盟解除對中武器禁運議題上反應堪稱迅速，很早即開始採取行動。2004 年 1 月 28 日，美國國務院發言人便表示：美國與法國及其他歐盟國家高層領袖，已就解除禁運案進行討論。一系列

[134] Kristin Archick, "The United States and Europe: Possible Options for U.S. Policy", *Congressional Research Service* (23 Jan 2006)

[135] Mark Bromley Siemont Wezeman, *SIPRI Yearbook 2005: Armaments, Disarmament and International Security*, (2005), p.441

[136] Eugene Kogan Ezio Bonsignore, "Fatal Attraction: The EU Defence Industry and China", *NATO's Nations and Partners for Peace 2* (2005), pp.13-14

的行動還包括：布希總統與其他重要政府官員（如國務卿鮑威爾）等出訪歐洲進行遊說。美國政府雖然在解禁案上，避免公開和歐盟發生衝突，但是美國國防部和國務院官員都曾私下警告歐盟，若解除對中國的武器禁運，將遭到美國報復[137]。茲列舉若干與報復及警告相關的報導：

- 美國眾議院 2004 年 5 月通過國防授權法，對軍售中國的國家實施軍備及敏感技術的輸出限制，也禁止美國國防部與曾軍售中國的公司交易。

- 美國強烈表示：不會容許用歐洲的軍事科技來威脅美軍的生命安全。根據美國商業週刊的報導，由於中國於 2003 年加入歐盟全球定位系統「伽利略計畫」的研究發展與運用[138]，如果中國透過歐盟衛星威脅美軍，美國將不惜動用武力摧毀歐盟衛星[139]。

- 2005 年初，美國參議院外交委員會主席參議員盧格（Richard Lugar）警告：「若美國盟友藉由商業管道軍售中國，美國與歐洲國家的科技分享將陷入險境（in jeopardy）」[140]。若歐盟執意解除武禁，國會將立法「禁止大量科技、物資或軍需交給歐洲人使用」[141]。

- 美國政府警告：與歐盟的雙邊關係將因解除對中武器禁運產生重大裂痕（major beach），會危及重要軍事科技的交流，包括管制軍事科技輸出歐洲、停止向與中國有武器交易的歐洲軍火工業採購等。

---

[137] Muzi.com,「法防長認解除武器禁運比讓中自製佳」, *Muzi* (24 Sep 2005), (20 Aug 2009)

[138] "China joins EU's satellite network", *BBC News* (19 Sep 2003), http://news.bbc.co.uk/2/hi/business/3121682.stm (17 Apr 2011)

[139] "US Could Shoot Down Euro GPS Satellites If Used By China In Wartime: Report", *Space Daily* (24 Oct 2004), http://www.spacedaily.com/news/milspace-04zc.html (17 Apr 2011)

[140] Kristin Archick, Richard F. Grimmett, and Shirley Kan, "European Union's Arms Embargo on China: Implications and Options for U.S. Policy", *Congressional Research Service* (27 May 2005), p. CRS-3

[141] David E. Sanger Thom Shanker, "U.S. Lawmakers Warn Europe on Arms Sales to China", *The New York Times* (2 Mar 2005), http://www.nytimes.com/2005/03/02/international/asia/02china.html

■ 2005 年 4 月初，美國副國務卿佐利克（Robert Zoellick）在布魯塞爾歐盟總部強硬表示：美國不只反對歐盟實際上解除禁運，就算歐盟只是「考慮要」解除軍售禁令，那也是對中國發出錯誤訊號。而更重要的是，如果歐洲賣武器給中國，在發生衝突危險時，歐洲武器打死美國人，那對雙方關係勢必會帶來負面的影響[142]。

檢視美國國會的懲罰決議案，若考量美歐在國防工業上的緊密合作關係，則在實際執行上必有其困難。因為對歐洲軍火公司的任何制裁，也都無可避免地影響到美國軍火公司，傷及美歐軍事技術合作；在分工細密的現代軍工業上，制裁或限制非常有可能增加鉅額成本。另一方面，歐盟若取消對中武禁，同樣也會讓美國政府面臨來自本土軍火公司的壓力，要求放寬對中國武器的輸出限制，龐大的中國市場豈容歐洲人獨享。

不過，美國全球軍費稱冠多年，因此美國市場對歐洲大型的軍工企業非常重要，所以上述措施或聲明仍發揮相當有效的威嚇效果。一些美國提供技術的機敏零組件設有「最終用戶許可協議」（EULA, End-User License Agreements）、並受到「國際武器交易規章」（ITAR, International Traffic in Arms Regulations）規範，管制程度甚至嚴格到整個裝備系統，若其中使用有美國提供之技術或零組件，則限制不得對第三國提供服務或出售[143]。

小結

美國與歐洲國家在解禁觀點上的歧異，肇因於對中國戰略定位的不同。美國將中國視作未來主要的戰略對手，因此對亞太地區的軍力平衡異常關切。歐盟則無感中國可能帶來的直接或間接威脅。

---

[142] 羅致政，「美國、中國與歐盟關係的近期互動」，*財團法人亞太和平研究基金會*（17 May 2005），http://wwww.peaceforum.org.tw/onweb.jsp?webno=3333333305&webitem_no=1280 (9 Sep 2009)

[143] 註：2008 年 6 月，作者與歐洲太空總署（ESA, European Space Agency）工程師 H 君就「伽利略計畫」交換意見。

　　歐盟對中武器禁運的解除與否，主要是三大因素較量：經貿利益、人權及戰略安全。歐盟部分國家（法、德）從**經貿**利益著眼積極推動解禁，多數成員國一開始則只從**人權**角度來作衡量，忽略歐盟與中國雖無直接戰略安全上的威脅或潛在衝突，但歐盟的主要盟友美國在亞太地區卻有重要的**戰略**利益，而中國的軍力正快速且大幅的擴張。

　　其餘如歐盟的決策機制、台海政治情勢等因素在影響解禁案上皆屬次要。不過也經由對中國政策及解禁案的發酵，歐盟得以檢視內部多層體系架構的實際運作。歐盟如果不能檢討、定義外交上的共同利益，並獲得成員國賦予更多實質權力，在面對國際社會挑戰時就會顯得欲振乏力。目前歐盟在制定貿易政策時，成員國願意讓度權力至超國家（supranational）層級，但在對外及安全事務制定時，則多是會員國在國家（national）層級之間的協議。

　　就短期而言，解除軍售禁令的**政治意義大於軍事意義，形式意義大於實質意義**，畢竟歐盟對外軍售仍有其內部的規範及一定的程序，中國不可能在解禁後，立即引進大量或先進的武器；再者，軍事科技的成效與影響需要長期的合作。當然，解除軍售禁令毫無疑問對推動中國與歐盟未來雙邊關係將具有正面及積極的效果[144]。

---

[144] 張台麟，「歐盟擬解除對中國軍售禁令之發展與困境」，《歐洲國際評論》第三期，（2007）。

第六章

前景：未來解禁的預判

When
is a grammatically more appropriate preposition than
If

　　中國《反分裂國家法》的通過與公布，適時提供歐盟一個下台階。歐盟趁機施緩兵之計，不僅暫時免除來自美國的強大壓力，也巧妙地遮掩歐盟在外交安全的無力。喧騰一時的「對中武禁解除」漸趨沈寂，劃上休止符。惟歐盟國家普遍認為，解禁爭議本身與其說是問「是否」（if），不如說是問「何時」（when）更為貼近。也就是說，解禁只是「遲與早」的差別，而不是「要不要」的問題[1]。

　　本章比較未來解除及維持禁運的可能原因，探討「對中武禁解除」的前景。

第一節　可能解禁的原因

　　2003年至2005年間，解禁案的通過就差臨門一腳。展望未來，支持解禁者仍享有些許優勢。

一、歐盟再無談判籌碼

　　荷蘭國際關係學院研究員普頓（Frans-Paul Putten）指出，歐盟在與中國進行各項交涉時，手上並沒有多少談判籌碼。除解除武禁案，就只剩下所謂給予中國「完全市場經濟地位」[2]。

　　迄2010年，中國亟欲向歐盟爭取項目，除「解除武器禁運」外，僅餘「完全市場經濟地位」，也就是說歐盟手中拿得上談判檯面的籌碼非常有限。就「完全市場經濟地位」而言，就算歐盟遲遲不肯給予承認，依據WTO議定書，中國至2016年也能自動取得。歐盟的較佳策略應是在期限終了前提早承認，還可展現些許善意。

　　2008年接連發生奧運聖火傳遞受阻、西藏暴動、歐洲領袖拒絕出席奧運開幕式及會晤達賴喇嘛等事件，中歐關係大受衝擊，中國甚至因歐盟輪值主席國法國總統薩科齊高調接見達賴，而臨時取消（推

---

[1]　Eugene Kogan Ezio Bonsignore, "Fatal Attraction: The EU Defence Industry and China", *NATO's Nations and Partners for Peace 2* (2005), p.13

[2]　參考附錄二：與智庫學者會談紀要。

遲）2008 年 12 月原訂於法國里昂舉行的「中歐峰會」。2009 年中國與歐盟都竭力營造良好氣氛以彌補受創的關係，雙方不僅破天荒於上、下半年趕場舉行 2 次「中歐峰會」（第 11、12 屆），「解除武器禁運」此一傷感情的議題，亦連續 3 屆峰會（2008-2010 年間的第 11、12、13 屆）未曾出現在會後的聯合聲明中。

中國對「解除武器禁運」的冷處理，或者讓歐盟稍稍喘了口氣，但從另一角度看，歐盟欲以此作為籌碼其價值也會因而減低。歐盟極有可能趁「解禁案」尚存價值時，儘早換取一些實質利益。

二、戰略夥伴更獲深化

從政治及經濟的角度看，政治實體間關係愈緊密，則愈不願意使用可能危害到利益的外交手段。

中國與歐盟關係的「蜜月期」雖結束，卻可能代表「成熟」交往期的開始。在經濟方面，中國已是世界第二大經濟體，必須與歐盟緊密合作處理國際金融危機，只要貿易摩擦控制在一定範圍和程度內，隨著雙邊貿易和投資的增長，中歐關係的經貿基礎將更為穩固[3]；在戰略安全方面，北京與布魯塞爾互賴程度升高，所持態度也因初始的「夥伴」熱情降低轉而更趨務實；更別說歐盟成員國中還有兩個聯合國安理會常任理事國，世界和平需要中歐的攜手努力。

中歐關係已日益機制化，對話與合作網絡更見完善。以現階段包括「政治對話」（**參考表 6-1：中國歐盟政治對話列表、圖 6-1：中歐政治對話架構圖**）在內的「全方位、寬領域、多層次」[4]交流格局，不論深度與廣度都在加強的趨勢來看，中歐關係必將更為緊密，所有不利於合作夥伴的因素勢將必須移除。2010 年 12 月「歐盟外長」凱瑟琳‧艾希頓（Catherine Ashton）說：「歐盟對中國實施的武器禁運，

---

[3]　張健，「歐盟對華認知變化及政策調整」，《現代國際關係》2007 年 11 期，http://politics.csscipaper.com/china/cndiplomacy/22511_3.html, (9 Apr 2011)

[4]　梅兆榮，「中國對歐洲的期望」，《外交季刊》Winter 2010 Issue 98。

已經成為中歐進一步發展外交和安全合作關係的『主要障礙』」，若以上發言確屬共識，則未來解禁議題必有再發燒的一日。

表 6-1　中國歐盟政治對話列表

事件總數：10

項次	會議名稱	召開頻率	領隊	會議地點
1	中歐峰會 Annual Summit	每年一次	中國：國務院總理 歐盟：歐盟總統、執委會主席、歐盟外長、（歐盟輪值主席國國家領導人）	輪流設在：中國城市[5]、歐洲輪值主席國首都
2	行政會議 "executive-to-exe cutive" meeting	每年一次	中國：國務院總理 歐盟：執委會主席	
3	戰略對話		中國：國務委員[6] 歐盟：外長	
4	歐中外交部長年會	每年配合在聯合國大會期間舉行 亦可視需要隨時召開	中國：外長 歐盟：外長	紐約
5	歐中全球政治主管年度會議	每年一次	中國和歐盟負責全球政治事務的主管	輪流設在：中國北京和歐盟布魯塞爾
6	歐中亞太事務主管年度會議	每年一次	中國和歐盟負責亞太事務的主管	輪流設在：中國北京和歐盟布魯塞爾
7	武器管制會議	每年至少舉行一次	中國和歐盟國際安全、軍控、防止擴散和出口控制的專家	
8	輕武器管制會議	每年至少舉行一次	中國和歐盟小型及輕武器管制的專家	
9	中國外長及歐盟使節會議	每半年一次	中國：外長 歐盟：駐北京大使	北京
10	歐盟外長及中國使節會議	每半年一次	中國：駐輪值主席國的大使。歐盟：（輪值主席國）外長[7]	歐盟輪值主席國首都

---

[5]　中歐峰會於中國舉行時原均安排於北京召開，惟第 12 屆選在南京召開。

[6]　2010 年 9 月 1 日的「中歐戰略對話」中方代表是國務委員戴秉國。

製表：梁正綱

時間：3 Apr 2011

資料來源：

1. (2011)「歐盟對外事務部」(EEAS, European External Action Service)«EU-China Political Dialogue», ***European External Action Service*** http://eeas.europa.eu/delegations/china/eu_china/political_relations/pol_dia logue/index_en.htm (4 Apr 2011)

2. Stumbaum, May-Britt U., «The European Union and China, Decision-Making in EU Foreign and Security Policy toward the People's Republic of China», ***Nomos*** (2009), pp.102-103

圖 6-1　中歐政治對話架構圖

7　里斯本條約生效後，設立「歐盟外長」，部分參與政治對話領隊（「總務暨對外關係理事會」GAERC 主席）可能更動。

三、美國態度可能轉變

2010 年兩起有關軍售新聞引起國際專注，一是法國擬出售俄羅斯「西北風級」（Mistral-class）兩棲攻擊艦，美國對此並無過度激烈之反應。二是 2010 年 10 月 8 日美國國會中期選舉之前，美國白宮網站刊出歐巴馬總統致函國會議長的信件，表示由於海上漏油應變作業所需，將解除對中國出售 C-130 空運機的限制，因為「這符合國家利益」[8]。

解除出售中國 C-130 運輸機禁令案隨即遭到美國否認，指出是媒體的錯誤報導，僅係暫時性的權宜措施，惟該案已見外界關注及多方揣測[9]。《華盛頓時報》（Washington Times）還援引專家之見，認為本案象徵對中國武器禁運的軟化。也有專家判斷，這是為中美軍事交流的升溫鋪路。

若分析上述兩事件背後意涵，美國不排除仍有可能接受歐盟改採替代方案（如加強版「行為準則」），不再繼續糾纏於「武器禁運」的存廢。

四、歐洲更依賴中國

國際格局風起雲湧，中歐之間的力量對比也發生變化。2010 年以中國為代表的新興國家迅速崛起，中國的 GDP 已躍升為世界第 2 位，而歐洲卻受美國次貸危機的拖累，出現金融動盪、實體經濟衰退、國家破產、東歐外債危機乃至拖延全球經濟復甦的主權債務危機。

2010 年的歐盟國家境況堪與 1997 年的東南亞國家（加上南韓）比擬。1997 年亞洲金融風暴從泰國開始蔓延，中國政府當時鄭重承諾不僅不會讓人民幣貶值，而且將盡可能援助「東南亞國協」（ASEAN,

---

[8] *Letter from the President Regarding an Export Waiver for China*, (8 Oct 2010), http://www.whitehouse.gov/the-press-office/2010/10/08/letter-president-regarding-export-waiver-china (5 Apr 2011)

[9] 「美否認售華 C130，稱暫時解除使用限制」，*中國評論新聞網* (15 Oct 2010), http://www.chinareviewnews.com/doc/1014/7/5/1/101475173.html?coluid=0&kindid=0&docid=101475173 (5 Apr 2011)

Association of Southeast Asian Nations）成員國。中國在亞洲金融風暴危機最深重之際，做出人民幣不貶值的決定，普獲東南亞國家讚揚與肯定。2010 年春，歐洲地區由希臘引爆主權國家債信危機，整個歐元區深受震撼。中國隨後也陸續出手金援「歐豬四國」[10]中的希臘、西班牙等國家，雪中送炭的舉動亦對爾後武器禁運的順利解除產生加分作用。

一位中國學者 Pan Wei 接受「紐約時報」採訪時的言論，可觀察中國對歐盟的觀感。他說：「歐盟在政治上分裂，軍事上沒有影響力。歐盟在經濟上雖然是『巨人』，但中國並不懼怕。因為我們知道：中國需要歐盟，但歐盟更需要中國」[11]。

五、《里斯本條約》生效

2009 年 12 月《里斯本條約》生效。《里斯本條約》是在原《歐盟憲法條約》的基礎上修改而成，又被稱為「簡化版歐盟憲法條約」。為加快決策流程，《里斯本條約》設立「常任歐洲理事會主席」（俗稱「歐盟總統」）以及「歐盟外交和安全政策高級代表」（俗稱「歐盟外長」）的職位，取消目前每半年輪換一次的歐盟主席國機制，希望有助於提高歐盟最高決策的權威性，也保持政策的穩定性和連續性。

此外，在表決制度上也作修改。如：將更多政策領域劃歸到「有效多數表決制」決策的範圍，以「雙重多數表決制」取代目前的「一票否決制」，俾簡化決策過程。但在稅收、社會保障、外交和防務等事關成員國主權的領域，仍採取一致通過原則。藉此解決長期以來歐盟在一些重要問題上「議而難決」的困境，提高決策和行動效率。

迄 2010 年，《里斯本條約》的生效對歐盟決策效率的實質提昇仍不明朗。若能在外交與安全政策上也廢除「一票否決制」，「歐盟總統」及「歐盟外長」能獲成員國授予更多的權力，解除武禁更易於水到渠成。

---

[10] 歐豬（PIGS）四國，分別是葡萄牙（Portugal）、愛爾蘭（Ireland）、希臘（Greece）、西班牙（Spain）。

[11] François Godement John Fox, "Running Rings Around the E.U." *The New York Times* (21 Apr 2009), http://www.nytimes.com/2009/04/22/opinion/22iht-edfox. html?_r=1 (7 Apr 2011)

六、歐盟內部漸趨穩定

　　歐盟 2004 年納入東歐等 10 國，2007 年再加入羅馬尼亞及保加利亞而擴大成 27 國，擴展迅速。但新成員國加入後的整合需要資源及時間，2005 年 5 月 29 日和 6 月 1 日，法國和荷蘭公投先後否決《歐盟憲法條約》，也使得歐盟一體化進程的關鍵性步驟受挫，再加上 2008 年全球金融風暴、2010 年歐元危機等更使得歐盟地區經濟低迷、失業率高漲，種種因素迫使歐盟大量資源和精力關注於內部問題，對外政策便有心無力、趨於保守。

　　內部情況的穩定及凝聚力的提高，才有助於歐盟重新聚焦與檢討重大的對外關係政策。以中歐關係的重要性看，解禁案須靜待時機才能再成為歐盟重大對外關係政策的優先議題。

七、解禁帶來驚人利益

　　儘管歐盟自 1989 年起對中國持續實施武器禁運，但歐盟多個會員國仍依各自解讀對禁運設定不同標準，與中國進行軍品交易。英國軍事新聞權威 Jane's Defence 說，2007 年光是英國政府核准銷往中國的軍備執照，價值便達四億五千萬美元[12]，而英國還不算是軍售中國的歐盟大戶。法國是歐洲國家中軍售中國最大的賣家，1989 年武禁以來囊括歐盟對中國軍售總額約 65%[13]。根據歐盟發布的統計數字，法國 2004 年核准出口至中國的武器價值為二億二千二百萬美元[14]。在歐洲國家中，英、法、德及義大利 1989 年後均曾軍售中國。（**參考表 6-2：各國交運中國傳統武器比較表、圖 6-2：各國交運中國傳統武器比例圖**）

---

[12] 黃貞貞，「歐盟對中國武器禁運把關不嚴謹」，*中央社* (24 Sep 2008)。

[13] May-Britt U. Stumbaum, *The European Union and China, Decision-Making in EU Foreign and Security Policy toward the People's Republic of China*, Nomos (2009), p.171

[14] Muzi.com,「法防長認解除武器禁運比讓中自製佳」, *Muzi* (24 Sep 2005), (20 Aug 2009)

表 6-2　各國交運中國傳統武器比較表

	1989	1990	1991	1992	1993	1994	1995	1996	1997	1998	1999	2000	2001	2002	2003	2004	2005	2006	2007	Total
France 法國	74	54	68	47	42	85	90	96	59	46	77	52	46	48	44	73	75	49	48	1173
German (FRG) 德國	12	12	12	12	12	16	12	17	7	12	17	12	13	11	13	25	17	13	5	250
Israel 以色列		28	28	28	28	28	28	28	28	38	38	28	28							356
Italy 義大利		5	12			5	10	5	3		10		3							53
Japan 日本	15	30																		45
Russia 俄羅斯				1098	1077	130	498	1115	628	166	1446	1718	3037	2429	1996	2735	3132	3498	1290	25993
UK 英國									4	8	34	24	34	4	4	30	30	30	30	232
USA 美國					1	14	3	3		31										52
Total 合計	101	129	120	1185	1160	278	641	1264	729	301	1622	1834	3161	2492	2057	2863	3254	3590	1373	28154

Figures are SIPRI Trend Indicator Values (TIVs) expressed in US$ m. at constant (1990) prices.

Source: SIPRI Arms Transfers Database

製表：梁正綱

時間：3 Aug 2011

註：本表合計數值經重新計算，與 SIPRI 原表略有出入。

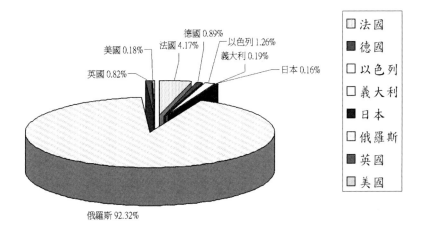

德國 0.89%
以色列 1.26%
義大利 0.19%
法國 4.17%
美國 0.18%
英國 0.82%
日本 0.16%
俄羅斯 92.32%

圖例：
□ 法　國
■ 德　國
□ 以色列
□ 義大利
■ 日　本
□ 俄羅斯
■ 英　國
□ 美　國

圖 6-2　各國交運中國傳統武器比例圖

　　2003 年法、德兩國積極推動解除對中武禁，批評者有謂純係自商業利益為出發點作考量，潛在巨大的歐盟軍工利益甚少公開或正式提及 [15]。事實上解禁所帶來龐大的利益不僅限於軍火買賣，還可擴及航空、運輸、核電廠等市場上。2007 年 11 月，法國總統薩科齊（Nicolas Sarkozy）首度出訪中國，中國給足面子，釋出 170 億美元超級大訂單給法國空中巴士（Airbus）民航客機製造公司，創下空中巴士有史以來最大單筆訂單紀錄 [16]。薩科齊私下也透露法國盼望結束對中國的武器禁運。

八、軍火工業救亡圖存

　　歐盟成員國 2008 年以來深受金融海嘯衝擊，連帶影響使早已苦撐待變的歐洲國防軍工業更是雪上加霜。2009 年 6 月 Jane's Defence

[15]　Jerker Hellstrom, "The EU Arms Embargo on China: a Swedish Perspective", *Swedish Ministry of Defence* http://www2.foi.se/rapp/foir2946.pdf (9 Apr 2011), p.28

[16]　王秋燕，「中國 5491 億訂客機，空中巴士定單創紀錄」，*蘋果日報* (27 Nov 2007)，http://tw.nextmedia.com/applenews/article/art_id/30012848/IssueID/20071127# (10 Apr 2011)

報導，包括西班牙、奧地利、斯洛伐克、愛沙尼亞、立陶宛、波蘭及捷克等歐洲國家都計畫裁減軍費。2010 年歐盟再遭遇從希臘燃起的「歐元危機」，原已偏低的國防預算再受衝擊，各國紛紛刪減公共支出，軍費成為主要裁減標的。

2010 年 10 月統計歐洲各國宣布進行裁軍及縮減國防預算者，計有：

- 英國：2010 年 10 月 19 日在正式公布的戰略安全報告（SDSR）中，指出未來 4 年將刪減軍費 8%。受影響最大的是英國海、空軍，包括航母方舟（Ark）號、巡防艦、兩棲登陸艦、補給艦、直升機母艦以及海洋監偵能力、偵察機、獵鷹機（Harrier）、C-130 空運機都在裁減項目中。

- 法國：未來 3 年將裁減 36 億歐元軍費，未來 6 年裁員 54000 人。受影響的軍購項目，包括：14 輛多功能坦克、60 架幻象 2000 戰機性能提昇案、2 架海岸巡邏機等。

- 德國：裁軍幅度比法國要大，國防組織面臨重整、停止徵兵、部隊人數將自 250000 人裁減至 163000 人。

- 瑞典：2011 年預算將維持在 59.8 億美金，但已在尋求更多節約之道。作業維持費將從 2010 年的 29.7 億增加至 32 億美金，但國際維和任務預算則自 3.8 億降低至 3.4 億美金。投資建案費用則自 16.2 億減低成 13.6 億美金。

- 荷蘭：國會議員布林斯曼（Hero Brinkman）2010 年 10 月 25 日表示：荷蘭原計畫採購總數 85 架 F-35 戰機已不可能達成，最多只能採購 50 至 60 架，內閣也表示 85 架的採購數量並非鐵板一塊不能調整。

- 義大利：宣布國防預算裁減 10%。

- 丹麥：計畫 2014 年前節省國防開支 5 億美金。

歐洲的國防工業，在受到歐盟各成員國軍費緊縮以致本土市場萎縮，加以技術人員可能流失等因素影響下，已將銷售對象瞄準在盟邦之外，主要市場設定在俄羅斯及中國。明顯例證之一：儘管可能會對北約整體戰略利益造成影響，法國政府仍積極爭取出售俄國西北風級兩棲攻擊艦。軍火集團一直以來對歐洲各國政府遊說「解除對中國武器禁運」，不難發現國防廠商求生存、謀出路的壓力。

九、台海緊張情勢和緩

　　歐盟曾多次運用「可能造成台海情勢緊張」為由，拖延解除對中武器禁運的最終決定。

　　2008 年 5 月馬英九就任中華民國第 12 任總統後，在兩岸關係上採取「不統、不獨、不武」政策，積極恢復與大陸中斷的協商，具體展現在兩岸經貿法規鬆綁、重啟制度化協商管道、兩岸直航、陸客來台觀光等行動上。但是反過來說，台海安全情勢的和緩或是兩岸和平氛圍的塑造，也有可能助長支持解禁一方的聲勢，削弱解除武禁在「台海安全」上可能造成的衝擊。

　　更有甚者，支持解禁者還提議由台灣主動發起解禁議題。例如，西班牙在接任 2010 年上半年歐盟輪值主席之前，就已與中國商討歐盟解除武器禁運事宜。西班牙政府曾提議，鑑於兩岸關係和平發展，台北可考慮聲明支持歐盟解禁，而西班牙則以支持中華民國人民獲得申根免簽證為回報[17]。

第二節　維持禁運的原因

　　對中國政府而言，2003 年至 2005 年間（「洶湧期」）曾有順利解禁的良機。2010 年再行檢視，可以發現「洶湧期」階段許多的有利因素已經消失，例如歐洲主要國家（法、德）領袖親中、美歐關係不睦（美國發動伊拉克戰爭引起的對立）、歐盟成員國僅 15 國易於疏通（2007 年已是 27 個會員國）[18]、中國與歐洲關係尚處於「蜜月期」等。反之，不利因素卻仍橫亙眼前。未來仍可能維持禁運的原因包括：

---

[17] 湯紹成，「中共副主席習近平訪歐」，《海峽評論》2009 年 11 月號，(Nov 2009)，http://www.haixiainfo.com.tw/SRM/227-7722.html, (17 Apr 2011)

[18] 2010 年 2 月 4 日，匈牙利外交部長 Balázs Péter 表示：「取消禁運的相關步驟需要 27 個國家來決定。與創始時期相比，歐盟現在變得越為複雜。我們必須與歐洲的夥伴國達成共識。」

一、中國仍與美日戰略爭霸

　　中國在亞太地區與美國及日本爭霸的戰略格局並未改變。美國仍視中國為潛在的戰略對手，從中美之間的交往仍可以看出缺乏互信。舉例而言，2010 年 1 月 29 日，美國歐巴馬政府通知國會，計畫向台灣出售總值達 64 億美元的武器，中國強烈譴責，威脅對涉及軍售的美國企業實施制裁。中美軍事關係首當其衝，雙方曾商定的一系列軍事交流項目或延遲或取消，連美國國防部長蓋茲（Robert Gates）計畫訪問中國也遭拒絕。

　　中國與日本的關係近期也不平靜。2010 年 9 月 7 日，日本海上保安廳船艦在釣魚台海域與中國漁船發生衝撞，日方將中國船長扣押，但在中國強烈抗議下，漁船船長最終於 9 月 24 日獲釋。事件幕後還扯出中國以限制重要的戰略稀有礦產輸出來施壓日本，《國際先驅論壇報》9 月 24 日即以頭版報導中國禁止向日本出口稀土的新聞。實際上，早在釣魚島撞船事件之前，稀土出口問題已成為中日之間的焦點。2010 年 7 月，北京宣佈將 2010 年下半年的稀土出口減少 72%，表明中國已對稀土產業政策進行調整，採取管理和限制措施。但由於撞船事件升級後，中方延遲對日稀土出口的通關手續，造成事實上的禁運，引起日本產業界的恐慌。日本國內稀土需求的 90%以上依賴從中國進口，日本產業界普遍擔心，中國今後也會以資源為「武器」來制裁日本[19]。

二、人權狀況無明顯改善

　　「歐盟對中武器禁運」係因人權迫害而起，惟中國的人權狀況並未受到國際社會普遍認定已有實質進步。在 2004 年 9 月一場《呼籲歐盟勿解除對中國武器禁運》記者會暨座談會中，民運人士王丹表示，中國人權紀錄並未改善，至今仍不允許公開討論六四的議題，也不可以公開悼

---

[19]　「分析：稀土成為中日關係新焦點」，*BBC News* (16 Oct 2010), http://www.bbc.co.uk/
zhongwen/trad/world/2010/10/101016_china_japan_rare_earths.shtml (17 Apr 2011)

念六四受難者，並持續對六四民主人士、法輪功進行迫害[20]。2009 年 5 月上旬，隨著法國薩科齊總統接見達賴事件落幕，中歐恢復政治高層對話，但人權衝突仍有增無減。理事會在 10 月 29 日公布一項共同外交暨安全政策聲明[21]，強烈譴責中國槍決 2008 年 3 月參與暴動的 2 名藏人，11 月 12 日理事會聲明[22]再為中國處決 9 名新疆維族人而措詞強烈[23]。

2011 年 3 月 31 日，英國外交部發表「2010 年人權與民主報告」；報告指出：中國在人權和政治開放領域非但沒有顯著改善，甚至出現惡化[24]。

論者也指出：中國並未就「天安門事件」血腥鎮壓表露過些許悔意，也從未保證日後不會再犯[25]。

「2010 年諾貝爾和平獎」得主：劉曉波。仍遭監禁、未能親自出席受獎的中國異議人士劉曉波表示：「這個獎是給天安門亡靈的！」

---

[20] 「《呼籲歐盟勿解除對中國武器禁運》記者會暨座談會」，*台灣智庫，歐洲聯盟研究協會* (12 Sep 2004)。

[21] CFSP Statement No.15132/09

[22] CFSP Statement No.15843/09

[23] 吳東野，「歐盟與中國關係」，*國立政治大學國際關係研究中心* http://iir.nccu.edu.tw/attachments/journal/add/5/13_.pdf (2 Apr 2011)

[24] 「英國外交部稱中國人權狀況沒有顯著改善」，*BBC News* (31 Mar 2011), http://www.bbc.co.uk/zhongwen/trad/china/2011/03/110331_china_rights_fco.shtml?pri (5 Apr 2011)

[25] "Setting limits on weapons for China", *The International Herald Tribune* (27 Feb 2005)

三、美歐關係獲得修補

　　美國與歐洲國家在安全戰略上維繫「跨大西洋關係」的兩大支柱是北約與歐盟，也是美國全球戰略布局重要組成。藉著北約與歐盟，美歐致力於強化戰略軍事同盟、提倡民主自由以及促進貿易合作。但在小布希總統主政時期，發生 911 恐怖攻擊事件，美國「新保守主義」領銜以反恐為名、行先發制人的單邊主義政策，美歐在安全觀、戰略觀上出現重大分歧，使得歐盟自主意識高漲，美國與歐洲各國的關係受到破壞。

　　美國總統歐巴馬（Barack Obama）選前（2008 年 7 月）曾訪問德國柏林並發表演講，獲得德國人的歡迎甚至全歐洲人民的肯定。2008 年 11 月 5 日歐巴馬勝選、2009 年 1 月就職上任，歐洲主要大國咸表歡迎外，也期盼「跨大西洋關係」能得以有效修補。歐巴馬在外交政策上更強調協商，最明顯例子是調整美國原預於東歐部署的飛彈防禦系統計畫，連帶也使得歐洲與俄國的緊張狀況獲得改善。美國與歐洲民主政治價值一致，社會、歷史、文化、經濟、安全等關係密切，美國欲重振對歐盟的影響力並非難事。

　　2010 年 2 月 5 日至 7 日，法國總統薩科齊出席慕尼黑安全政策會議並發表演說，指出：我們正處於一個「多個相對強權」的世界，在規畫所有戰略前都必須要先認清這一點。薩科齊引用德國梅克爾總理以及波蘭圖斯克（Donald Tusk）總理所說：「單一強權無法解決世界上的主要衝突」。他表示，21 世紀有新大國崛起，我們需要對這些新的強權施壓，遏止戰爭以實現和平。如果同意世界局勢是「多極」（多個相對強權）的，那首先意味的就是需要團結和合作；因為當僅存在一個強權，根本沒有合作的條件，只要跟隨強權去做就行了。21 世紀是合作與團結的世紀，這也是為什麼法國如此重視與美國友誼的原因。薩科齊說：盟友情誼植基於相互尊重彼此的價值觀；歷史告訴我們：即使是最大的帝國，也無法擊倒人們對自由的嚮往。歐洲與美國有共同的價值觀，我們可以稱之為「西方家族」。我們共同捍衛這

些價值，說服而不是強制其他國家去接受。歐洲已建立歐盟和北約兩大支柱，法國也堅定地支持這兩大支柱。

從上述談話可知，就連經常與美國外交政策唱反調的法國，也非常重視與美國的合作關係。2009 年 3 月 17 日法國國民議會經過辯論和表決，最後以 329 票支持、238 票反對的表決結果，通過法國重返北約軍事一體化機構的決定。法國重返北約之舉，是加強與美國合作的具體表現，象徵美歐「西方家族」同盟難以撼動。凡事一旦牽涉到美國重要戰略利益，歐盟必定要斟酌再三。

四、無歐盟大國領導

2003 年至 2005 年解禁「洶湧期」的階段，法、德是領導支持解禁一方的歐盟大國。2005 年之後兩國領導人陸續更替，德國梅克爾總理上任後多次表示會以人權為對外政策的主要考量，因而不支持解禁；法國薩科齊政府雖仍支持解禁，但與中國的關係不似席拉克時期親蜜，甚至還發生若干起衝突事件致關係倒退，也不再積極於推動解禁案。

觀察 2007 年至 2010 年間，儘管歐盟中並無堅決反對解禁的會員國，間或也有政治人物零星發言提出解禁，但既無熱心積極推動解禁者，短期內也不易再會出現「帶頭大哥」領銜推動的狀況。

五、議會權力增加

《里斯本條約》生效後，歐洲議會除享有傳統的預算審核、人員任命等權力外，在其他方面也擁有更大發言權。《里斯本條約》規定未來 95% 的歐盟立法，都將由理事會和歐洲議會共同完成。此外，各成員國國會也將扮演在歐盟決策上更大的角色。

2010 年以前，歐洲議會及各成員國國會，在對中武器禁運議題上，多表現出反對解禁的立場。議會的角色向來被認定更貼近民意，更傾向以人權等普世價值衡量對外政策。議會權力的增加並不利於支持解禁一方。

小結

　　歐盟未來是否解除對中國武器禁運，仍繫於前述三大因素的牽動，即：**經濟利益、人權考量、戰略安全**；而戰略安全主要元件之一，則是盟邦美國立場。分析 1989 至 2010 年間三大因素的消長變動，起始以人權考量開啟長達 10 餘年的「平靜期」，因經濟利益而進入「洶湧期」，其後因戰略安全而進入「冷凍期」。現階段三大因素在解禁中的比重，依序是：戰略安全、經濟利益、人權考量。換句話說，美國的態度仍是關鍵。2005 年解禁案的暫緩，與其說是因為中國的《反分裂國家法》，更大的因素實來自美國的壓力，《反分裂國家法》只是適當方便的藉口而已[26]。

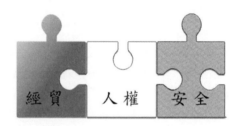

　　美國歐巴馬政府 2010 年 5 月 27 日公布「國家安全戰略報告」。分析人士認為，這份報告體現美國安全戰略的明顯轉變，是與小布希時代「單邊主義」的正式決裂。小布希時期的安全戰略，標誌著從「**冷戰思維**」到「**先發制人**」；而歐巴馬政府的這份報告，則從「**先發制人**」轉變為「**接觸合作**」。翻開小布希時期的兩份「國家安全戰略報告」，字裏行間凸顯出兩個詞，即：「**遏制**」與「**防衛**」；而歐巴馬政府戰略，強調的兩個詞是：「**接觸**」與「**合作**」[27]。

---

[26] Jean-Pierre Cabestan, "The Taiwan issue in Europe-China relations." in *China-Europe relations: perceptions, policies and prospects*, edited by Eberhard Sandschneider David L. Shambaugh, Hong Zhou, 2008 p.96

[27] 舒孝煌，「美新國家安全戰略報告：放棄先發制人，注重非傳統安全」，*中華經略國防知識協會* (14 Jun 2010), http://www.amdas.org/NewsDetail.aspx?Category=12 (26 Mar 2011)

　　觀察美俄兩個冷戰宿敵近期的互動，或可查考美國新的安全戰略是否落實，並能提供預測中美未來發展走向的參考。2009 年 3 月，歐巴馬入主白宮才不過 2 個多月，就宣布要「重新啟動」（Reset）美俄關係，隨後的具體行動包括放棄小布希政府時期引起俄羅斯強烈反彈的歐洲飛彈防禦系統規畫、簽署裁減核武協定等。另外，法國計畫出售俄羅斯戰艦，美國表達的關切也相當節制。基本上符合多「接觸」與「合作」，少「遏制」與「防衛」的戰略觀轉變。

　　美國在對台灣一些指標性軍售（如 F-16 C/D 戰機）上顯得多所顧慮，主要原因也來自中國越來越高的抗議聲浪。美國是否會在歐盟對中解禁案上立場鬆動，或以此作為交易，並非鐵板一塊絕無可能。

　　整體而言，歐盟欲藉由「解禁」換取中國在其他方面讓步的企圖，是否奏效猶待觀察；目前就連要中國拿出什麼來交換、做到何種程度才算達到標準仍無共識，進展似不樂觀。台灣前駐歐盟代表程建人接受專訪時曾表示，整個局勢都在變化，歐盟不會永遠維持軍售禁令[28]。解禁案不可能長時處於「冷凍期」，未來只會朝解除線靠近（**參考圖 3-1：歐盟對中武禁各階段演進圖**）。以下因素可使支持解禁者持審慎樂觀的期待：

---

[28] 江靜玲，「專訪程建人，歐盟不會永遠維持軍售禁令」，*中國時報* (8 Dec 2004)。

- 歐盟於 2004 年已定調，做出「朝解禁方向努力」的政治意願。
- 解禁案不能一拖再拖，多延遲一日即多一日證明歐盟對外政策搖擺不定、軟弱無能。
- 歐盟仍顯鬆散的外交政策對中國並無太多談判籌碼，恐怕還是只能在人權上再作文章，一旦中國願意做出象徵性的讓步，如釋放政治犯或批准「人權公約」，歐盟必須做出適切的回應。
- 多數觀察家早已指出「解禁」只是「時間」問題。

第七章

結論

"Who do I call if I want to call Europe?"

——Henry Kissinger（美國前國務卿）

　　本章綜合解禁案背景、演進、特性、評析及前景的論述，提出研究發現以及建議事項。

第一節　　研究發現

　　分從 4 個面向：歐盟（本身）、中歐（中國－歐盟）、美歐（美國－歐盟）、中美（中國－美國）綜論。

一、歐盟：不足成為全球角色

　　歐盟自 1993 年開始實施「共同外交暨安全政策」（CFSP）以來，逐漸成為全球行為主體和國際政治中一股重要的力量。然而，儘管歐盟有雄心扮演重要的全球安全角色，但理想與現實顯然還有很大的距離。以重要國際事務和安全問題的影響力而言，歐盟至今尚未成為一個完全的戰略行為主體[1]。歐盟能否投射實力於外部世界，其關鍵處在內部凝聚整合，並體現於外交及安全決策及執行能力。

　　瑞典前總理卡爾‧比爾特（Carl Bildt）2005 年 9 月指出對中武禁解除案是歐盟一項主要的挫敗，對北京及華府都喪失信用[2]。從處理解除對中武禁議題上所呈現出的左支右絀，證明歐盟未具成熟的全球戰略視野，明顯可見的缺失包括：

■ 過於重視經濟及商業利益。
■ 忽略盟邦（美國、日本）的戰略利益。
■ 對亞太地區安全情勢的關切、認知不足。

　　歐盟由歐洲許多民族國家組成，成員國雖未明言但抓緊不放的仍是維護自身國家利益和彰顯獨立主權。在許多事涉戰略安全的決策上，成員國並未與歐盟超國家層級或與其他成員國作良好協商，各行

---

[1]　陳志敏，「歐盟的有限戰略行為主體特性與中歐戰略夥伴關係－以解除對華軍售禁令為例」，《國際觀察》2006 年第 5 期。
[2]　François Godement John Fox, *A Power Audit of EU-China Relations*, *European Council On Foreign Relations* (2009a), p. 19

其是甚或彼此矛盾者處處可見，例如：羅馬尼亞、保加利亞與美國簽署在其領土上建立軍事基地；波蘭、捷克同意美國部署飛彈防禦網所需設施；而法國則計畫出售俄羅斯兩棲攻擊軍艦等。都是基於本國利益或安全作考量，不是以歐盟整體為出發點。

　　成員國的各自為謀，造成歐盟聯合陣線上經常出現可供競爭者突破的缺口。許多探討中國與歐洲關係的文獻中，抨擊中國對歐盟的**分而治之、各個擊破**。中國在與歐盟的交往接觸中，注意到各會員國的立場，因自身國家利益而不能和諧一致，既有競爭也有合作。舉例來說，德國總理梅克爾 2007 年 9 月會見達賴喇嘛引發中國抗議，法國總統薩科齊兩個月後隨即造訪北京，並取得史無前例高交易金額的合約。又如：法國總統薩科齊 2008 年 12 月會見達賴喇嘛，中國不僅臨時取消原定在法國召開的中歐峰會，次年 1 月底溫家寶便帶領龐大的貿易團訪問德國、英國及西班牙，獨漏法國。綜上，僅在會見達賴喇嘛的敏感議題上，歐盟成員國就各行其是，缺乏一致的行動。不過，分化策略並非絕無風險，因為中國與歐盟成員國的差異，遠較歐盟成員國與其他成員國的差異要來得大，尤其是涉及規範與價值（norms and values）的領域[3]。

　　事實上，不僅是中國，美國甚至俄國等其他強權在與歐盟交手時，也都採取類似的**分而治之、各個擊破**策略。以俄國為例，歐盟許多國家長期仰賴俄國天然氣等能源的供應，但由於不能齊心協力與俄國談判議價，取得成本比同樣自俄國輸入天然氣的中國為高。美國亦不遑多讓，在歐盟對中武器禁運上，對於瞭解歐盟立場、或是協助歐洲夥伴興趣缺缺，但卻以各種方式分化歐盟團結，以保障或攫取利益[4]。有學者指出：美國絕對擁有切入歐洲決策核心的特權；美國與

[3]　Jing Men, "EU-China Relations Need More Mutual Understanding", *EU-China Observer 2009 Issue 1*, pp.5-6

[4]　May-Britt U. Stumbaum, *The European Union and China, Decision-Making in EU Foreign and Security Policy toward the People's Republic of China, Nomos* (2009), p.194

歐盟部分會員國及其政治人物建立起一些特殊關係，對歐洲人的分而治之（divide and rule）經常獲得成功[5]。

歐盟許多的政治人物也對外交安全事務上力量分散、能力不足產生危機感與急迫感。2009 年至 2010 年熱烈討論的 G-2 議題似乎是敲響的警鐘。歐巴馬執政初期，許多學者從經濟合作觀點，提倡中國與美國兩強合作，即所謂 G-2（Group of Two）的概念。G-2 名詞最早是由美國經濟學家弗雷德‧伯格斯坦（C. Fred Bergsten）於 2005 年提出，許多著名學者都曾表示認同 G-2 概念，包括：美國卡特政府時期的國家安全顧問布里辛斯基（Zbigniew Kazimierz Brzezinski）、世界銀行總裁佐利克（Robert Bruce Zoellick）、世界銀行首席經濟學家林毅夫、以及把中國（China）與美國（America）兩大經濟強國結合為 Chimerica 創新名詞的經濟史學家弗格森（Niall Ferguson）等。

G-2 議題令歐洲不安。中美兩強日益密切的關係，及在許多全球議題上隱含的共治特性，使得歐盟國家擔心邊緣化並淪為附屬角色。2009 年 12 月舉行的哥本哈根世界氣候大會中，美國與中國激烈交鋒，歐盟的表現卻如同是一個靠邊站的旁觀者。再加上東歐飛彈防禦計畫實質叫停後，許多歐洲人懷疑，歐盟還是不是歐巴馬政府外交政策中的優先選項。一位歐盟外交官即坦白表示：歐巴馬對歐洲的重視，遠不如歐洲對美國的重視。歐洲改革中心高級研究員布雷迪（Hugo Brady）哥本哈根世界氣候大會後指出：「歐洲似乎加快衰落的速度」[6]。2010 年 2 月 1 日，當美國國家安全委員會（National Security Council）發言人邁克‧哈默（Mike Hammer）宣布：美國總統歐巴馬不會出席西班牙輪值主席期間舉行的「美歐峰會」，一時之

---

[5] C. Hill and M. Smith (Ed.). *International Relations and the European Union*: *Oxford University Press*.2005 , p.394

[6] "Hugo Brady: Europeans probably need to accept they have missed an opportunity", *The Independent* (3 Feb 2010), http://www.independent.co.uk/opinion/commentators/hugo-brady-europeans-probably-need-to-accept-they-have-missed-an-opportunity-1887649.html

間更引起歐洲政界徬徨籠罩在 G-2 陰影之下，深怕美國與中國兩大強權，自此逐步走向全球權力分治的態勢，再沒有歐洲講得上話的份。

荷蘭前外長費爾哈亨（Maxime Verhagen）在一項討論美歐「跨大西洋關係」的會議上，透露出類似的憂慮：歐盟各國必須採取一致行動，避免被排擠在 G-2 之外，歐盟應該努力使 G-2 變成 G-3。他認為歐盟必須設定目標：要在下一個 10 年成為美、中以外第三個地緣政治強權，要獲得安理會常任理事的席次、要在 G20 高峰會中設有單一的歐盟代表[7]。

2009 年 5 月 20 日溫家寶在捷克首都布拉格出席第 11 屆中歐峰會時表示：「有人說，世界將形成中美共治的格局，這是毫無根據的，也是錯誤的」。這是中國高級領導人第一次公開回應 G-2 的說法[8]。頗堪玩味的是：上述回應發表於中國與歐盟進行會議期間。另就經濟層面以外的各領域進行分析，中美之間存在許多嚴重的分歧、矛盾與利害衝突，G-2 共治之路實質上困難重重。

G-2 議題雖然漸呈泡沫化、有平息的趨勢，但藉由對此一議題的關注，也令歐盟有機會反思與檢討。對於歐盟而言，與其憂心因「G-2」而導致邊緣化，不如儘速採取具體行動，特別在共同安全暨外交政策領域上，有效統合歐盟成員國並發揮國際影響力。荷蘭智庫學者即以各國於非洲東岸索馬利亞沿海執行打擊海盜為例，指出印度洋上已是「多極」角力的舞台，建議歐盟能在各強權間作積極的「調人」（mediator），不論是美國與中國，印度與中國，日本與中國，甚至美國與俄國之間，都能找到發揮的空間。因為歐洲具有下列優勢[9]：

■ 歐盟在國際上享有良好名聲，能發揮外交影響力。
■ 歐盟具備高素質武裝力量，且積極參與國際維和任務。

---

[7] "Verhagen says a stronger Europe is crucial to compete with China", *Financieele Dagblad* (8 Feb 2010), p.1

[8] 「溫家寶批駁『中美 G2 共治全球』：毫無根據」，*中國評論新聞* (21 May 2009), http://www.chinareviewnews.com/doc/1009/7/5/3/100975339.html?coluid=7&kindid=0&docid=100975339 (25 Apr 2011)

[9] 作者參加於荷蘭舉行有關打擊海盜之學術研討會，綜整與會人員討論及發言內容。

■ 歐盟經濟力不容忽視。
■ 歐盟對建立霸權並無野心，與強權無直接利益衝突。

　　義大利參議院副主席艾瑪·伯尼諾（Emma Bonino）曾指出：歐洲要達到能採取一致行動的「統合歐洲」（united Europe）目標還有很長的路。歐盟在對內政策上較能有效治理，但由於權力中心分散在幾個大國首都（如倫敦、柏林、巴黎及羅馬），在安全及外交政策上便很難獲致成就。歐盟還沒有發展出能在世界扮演全球角色的工具[10]。歐盟在國際貿易上，或已整合建立一個有力的談判機制，但若論及更廣泛的外交及安全範疇則顯得力有未逮。

　　波蘭國會外交委員會委員查拉維斯基（Paweł Zalewski）認為：歐盟缺乏的並非政治架構，而是政治決心[11]。不管是政治架構欠完善，或是政治決心不足，歸根究底，肇因於歐盟在外交安全政策上凝聚力不夠，存有罅隙因而授予他人可趁之機。

二、歐盟：三強主導歐洲走向

　　美國前國務卿季辛吉（Henry Kissinger）曾慨歎：「如果有事要找歐洲商量，該打電話給誰呢？」（"Who do I call if I want to call Europe?"）。當 2009 年 12 月《里斯本條約》生效、歐盟產生「外長」後，似乎季辛吉的大哉問終於有了答案。不過，「歐盟外長」是否真能發揮功效還難見分曉，曾以具體行動更貼切回答上述問題的應該是日本前首相安倍，他在 2007 年訪問歐洲四個城市拜會政治領袖進行協商，遊說歐盟及主要成員國勿解除對中武禁。這四個城市分別是布魯塞爾（歐盟總部）、倫敦（英國首都）、巴黎（法國首都）以及柏林（德國首都），恰如其分點出歐洲權力的分配。對於歐盟以外的勢力，欲切入及影響歐盟在外交安全的決策核心，光置重點於歐盟總部

---

[10] Carnegie Endowment. 2008. "What do Europeans want from a Post-Bush Foreign Policy?" in *New Vision Conference Session*. Brussels.
[11] Ibid.

所在地布魯塞爾絕對是不足的，因為掌控歐盟國際事務的權力中心還分散在倫敦、巴黎及柏林。

　　歐盟三大會員國德國、法國及英國被稱作歐洲的 Big Three，論人口數量，德、法、英正好是歐盟會員國中的前三名；在國際地位上，法國與英國是聯合國安理會常任理事國；在經濟上，德國長久扮演歐洲火車頭的角色。三個歐洲強權在形塑歐盟與中國的關係上扮演關鍵角色，個別與中國之間也有鉅額經貿利益，預期也將持續在歐盟外交上扮演領頭的角色。

　　德國綠黨議會黨團歐盟外交政策發言人克拉蒙女士便曾為文：「法國、英國和德國這三個歐盟大國最受北京的重視，由於這三國的份量很重，它們的外交部可以更深入地與中國打交道。如果歐盟的共同外交政策意味著各成員國應該減少與中國的雙邊交往，那麼法、英、德三國失去的就最多。只要它們意見不一致，也不能期望在歐盟27 國的層面上有什麼進展。[12]」

　　解除對中武禁案也可以觀察得到三國在歐盟對外決策中經常居關鍵地位。若無法國的居中牽線及德國配合敲邊鼓，支持解禁的力量不會這樣快且猛；若無英國於中國公布《反分裂國家法》後，以「時機不宜」為由暫緩解禁的決定，恐怕也沒有其他國家能有力踩穩這個煞車。

　　另外，國家領導人在外交事務工作重點，應係於國際社會上樹立國家的政治信譽，對內、對外都能提出具說服力的政策，並能有效宣揚爭取其他國家的認同和支持。解禁案可以觀察出：一國領袖在涉及外交、戰略、安全等政策領域，擁有最終且至高的決定影響力。如德國總理施若德儘管面臨國會不信任危機，連友黨亦傳倒戈，仍可因個人價值觀判斷，依「憲法」賦予的權力自行決定外交政策，堅持解除對中武器禁運。而梅克爾接任總理後的改弦易轍，立場大翻轉及造成的影響，也明顯可證：Big Three 大國領袖在歐盟重要對外政策中扮演決定性角色。

---

[12] 德國之聲，「對華政策：歐盟五音不齊」，(18 Nov 2010)。

三、中－歐：戰略夥伴不具實質

　　廣義的「中歐關係」應包括中國與歐盟的關係，以及中國與歐洲主要大國的關係等多個層面。中國與歐盟於 2003 年建立「全面戰略夥伴關係」，中法、中英先後於 2004 年 1 月、2004 年 5 月建立「全面戰略夥伴關係」，中德則於 2004 年 5 月宣布在中國與歐盟「全面戰略夥伴關係」框架內，建立「具有全球責任的夥伴關係」[13]。中國的一些觀察家將中國與歐盟的「全面戰略夥伴關係」，同中國與其他國家建立的「戰略夥伴關係」作比較檢驗，而有以下論點，包括：

- 宣稱中國與歐洲擁有相同的世界觀。
- 有學者指出歐洲並未炒作「中國威脅論」或「中國崩潰論」。
- 中國社會科學院周弘更細微地指出：中歐關係具備有「對稱」與「不對稱」性。
  - 在經濟水平、政治制度、歷史文化上，異大於同（不對稱）。
  - 在經濟互補、尋求戰略共識、相互瞭解、文化多樣與寬容、全球及雙邊事務的實質合作上，具共通性（對稱）[14]。
- 解放軍的歐洲觀察員則表示「戰略夥伴」名符其實，此可由雙方在反恐、打擊組織犯罪、處理非法移民、進行高階防務諮商、軍事交流、海上聯合演習及船艦互訪、監控區域「熱點」等日增的雙邊合作獲得證明[15]。

　　儘管有上述眾多論證，以及「對稱」特性來說明中歐之間存在有「戰略夥伴關係」，中國還是指出一項極為嚴重的「不對稱」，即「歐

---

[13] 陳向陽，「明辨「戰略夥伴關係」虛實」，《瞭望新聞週刊》(4 May 2010), http://www.lwgcw.com/NewsShow.aspx?newsId=5663, (30 Apr 2011)

[14] 周弘，「論中歐夥伴關係中的不對稱性與對稱性.」in《歐洲研究前沿報告》, edited by 薛曉源,吳志成,華東師範大學出版社 2007, pp. 239-253

[15] David Shambaugh, "China eyes Europe in the world: real convergence or congnitive dissonance?" in *China-Europe relations: perceptions, policies and prospects*, edited by Eberhard Sandschneider David L. Shambaugh, Hong Zhou, 2008, p.135

盟對中武器禁運」是不符合「戰略夥伴關係」的一種歧視。前中國駐德大使梅兆榮說：「歐盟內部存在不同的聲音，有人質疑以至反對同中國建立戰略夥伴關係，也存在與全面戰略夥伴關係的精神不相符合的做法，比如迄今仍保留著冷戰時期的產物：對華武器禁令」[16]。

梅兆榮所說「不同的聲音」，可由以下的主張獲得證實。倫敦歐洲改革中心（Centre for European Reform）主任查理斯‧格蘭特（Charles Grant）2010 年 1 月發表論文，建議歐盟應「揚棄『戰略夥伴』的幻想」，因為歐盟與中國雙方價值觀的歧異，使「戰略夥伴」失去意義，歐盟應專注在少數能與中國取得協議的課題上；另指出歐洲與中國交往須口徑一致，以免遭北京「分而擊之」（divide and conquer）[17]。

中歐的「全面戰略夥伴關係」遭到許多質疑。例如，有人認為，戰略夥伴關係必須具有軍事合作的內容，因而不同於一般意義上的雙邊關係，歐盟只有美國一個戰略夥伴，而且只有美國才有資格和條件成為歐洲的戰略夥伴。歐盟與中國在利益訴求、價值觀和政治經濟制度等方面存在著巨大的差距，因此中歐不可能擁有戰略夥伴關係，雙方官方文件中的「全面戰略夥伴關係」的表述是自欺欺人。也有一些歐洲人認為，歐盟重視中歐關係的發展，並在一些問題上屈服於中國的壓力，但中國卻在許多方面上，沒有按照中歐「全面戰略夥伴關係」的要求去做，甚至聽不進歐盟的任何批評意見。還有一些歐洲人甚至認為，中歐建立的「全面戰略夥伴關係」僅對中國有利，對歐盟用處不大[18]。

嚴格來說，「戰略夥伴」沒有官方的正式定義，歐盟並未賦予「戰略夥伴關係」任何實質內容，只是用於強調大國的重要性，也不用來追求某種特定戰略目標。1998 年，「戰略夥伴」乙詞首見於歐盟最

---

[16] 梅兆榮，「中國對歐洲的期望」，《外交季刊》Winter 2010 Issue 98。

[17] Leo Cendrowicz, "Should Europe Lift Its Arms Embargo on China?" *Time* (10 Feb 2010), http://www.time.com/time/world/article/0,8599,1961947,00.html, (26 Mar 2011)

[18] 「江時學：中歐『全面戰略夥伴關係』不是空話」，*環球時報* (2 Jan 2011), http://ies.cass.cn/Article/cbw/zogx/201101/3409.asp (30 Apr 2011)

高層級，當時歐洲理事會使用於再確認俄羅斯對歐盟的重要性。俄羅斯是歐盟首個也是唯一一個在 1990 年代冠以「戰略夥伴」尊號的國家[19]。2003 年 12 月公布的《歐盟安全戰略》則是首份正式文件以「戰略夥伴」來論述與其他 6 個國家的關係，包括美國（無可取代的夥伴）、俄羅斯（須共同致力朝戰略夥伴進程努力）、日本、中國、加拿大以及印度（以上均為「期盼與之發展成戰略夥伴」）[20]。迄 2010 年，一般認知歐盟有 10 個具「戰略夥伴」稱號的國家[21]。

2007 年 1 月 17 日，中國外長李肇星與到訪北京的歐盟對外關係委員瓦爾德納（Benita Ferrero-Waldner）共同宣布，正式啟動《中歐夥伴關係協定》（PCA, EU-China Partnership and Cooperation Agreement）的實質性談判。據稱，這份《中歐夥伴關係協定》將取代 1985 年的《中歐貿易與經濟合作協定》，成為中歐關係發展的「總綱領」。但是，中歐對夥伴關係的未來思路不盡相同。美國約翰霍普金斯大學（Johns Hopkins University）跨大西洋關係中心研究主任艾斯特·布里默（Ester Brimmer）說：「中國希望中歐的深化合作既發生在經濟領域，也能延伸到雙方在政治領域的合作。但歐盟則有不同的想法，在此次夥伴關係的談判中，他們更重視的是對中國經濟關係」[22]。其實從《中歐夥伴關係協定》的內容及其所欲取代的舊有協定，不難發現僅談經貿的侷限性。而也有論者指出，武禁不解除，中國不會輕率簽署《中歐夥伴關係協定》[23]，至 2010 年底該協定談判仍在進行。

---

[19] Thomas Renard, "EU Strategic Partnerships: Evolution of a Concept, From Amsterdam to Lisbon", *EU-China Observer 2010 Issue 5*, p.16

[20] *A Secure Europe in a Better World: European Security Strategy*, http://www.consilium.europa.eu/uedocs/cmsUpload/78367.pdf (10 Apr 2011)

[21] 歐盟的 10 個戰略夥伴是巴西、加拿大、中國、印度、日本、墨西哥、俄羅斯、南非、南韓、美國。

[22] 李焰，「中歐，欠成熟的夥伴「繞礁」而行」，*Washington Observer 2007 年第 3 期*，(24 Jan 2007)。

[23] Stanley Crossick, "Revisiting China arms embargo", (4 Feb 2010), http://crossick.blogactiv.eu/2010/02/04/revisiting-china-arms-embargo/ (10 May 2011)

歐盟在對外關係上並不乏「戰略」，僅僅針對中國便已有多份稱得上「戰略」指導的政策文件。不過有「戰略」指導並不代表歐盟就能運用及執行「戰略」。同樣的，歐盟在許多領域也不乏「夥伴」，但稱作「夥伴」必須有哪些標準卻付之闕如。「戰略夥伴」更是含糊籠統，莫衷一是的冠冕之詞。如果說中國與歐盟之間存在夥伴關係，也不會是完全的夥伴。中國若欲以維持武禁則不符「戰略夥伴關係」作為論述，嚴格來說找不到足夠支撐的說服力。

　　相對於歐盟在對中國政策上不斷出台「戰略」指導文件（**參考表2-1：歐盟對中國政策文件列表**），中國迄今只於 2003 年推出乙份《中國對歐盟政策文件》，該文件「旨在昭示中國對歐盟的政策目標，規劃今後 5 年的合作領域和相關措施」。但 5 年後的 2008 年，中國並未再修正及公布新的「對歐盟政策」，若非中國對歐盟關係確無調整需要，就是雙邊關係趨冷的證明。而前者顯得不切實際，後者相當程度亦表露中國對歐盟的失望。「戰略夥伴關係」流於空話。

四、中－歐：北京畫出紅線

　　在解禁案「洶湧期」（2003 至 2005 年）階段，「德國之聲」曾引用「黑森林州和平與衝突研究基金會」[24]學者的話：「歐盟關心的是減少對華貿易逆差，希望通過這一措施，讓中國多購買歐盟商品，歐盟希望與中國簽訂遣返非法移民的協議，但中方以軍售解禁為條件。歐盟還希望加強與中國的人權對話和戰略對話，以及在阻止大規模殺傷性武器擴散、反恐等方面的合作。並間接促使美國改善與中國的關係，將東北亞安全政策多邊化」[25]。從以上談話可知，解禁案早已是談判桌上的籌碼，且歐盟欲交換項目林林總總，跨越人權、經貿與安全，反觀中方似只要求單純解除武禁而已。

---

[24] HSFK, Hessische Stiftung Friedens- und Konfliktforschung
[25] 博訊新聞網，「德專家談美國阻止歐盟解除對華武禁」，*德國之聲* (5 Feb 2005)，http://news.boxun.com/news/gb/intl/2005/02/200502050037.shtml (21 Mar 2011)

　　三大影響因素（人權、經貿與安全）在解禁案發展過程中比重互有消長，如本文之前所述，「冷凍期」後的優先次序已是：安全＞經貿＞人權。

　　在**安全**因素上，除防止大規模殺傷性武器擴散、東北亞安全情勢外，最主要核心仍是美國於亞太地區的戰略利益。

　　在**經貿**因素上，歐盟與中國的關係進展是以經貿合作起始，1978年即曾簽署雙邊貿易協定。後冷戰時期，中國與歐盟都關注經濟成長以及促進全球化，雙方互賴程度加深。貿易關係以及經濟合作是中歐夥伴關係的物質基礎[26]。中歐關係主要是一種物質性的利益關係。利益關係的根源是中國的「改革、開放和發展」向歐洲展示的經濟/商業機會[27]。

　　歐盟的對外政策包括軟、硬兩個部分：「軟政治」（soft politics）是經貿及發展的領域；「硬政治」（hard politics）是外交、安全及國防的領域。可見經貿利益乃對外政策重要的一環，在解禁案中地位也僅次於戰略安全（美國立場）。歐盟形成之初偏重經濟整合，因此歐盟對外關係經常以貿易為基礎或出發點。許多學者在解釋歐盟對外及安全政策時，也視經濟利益為關鍵因素，並指出歐盟集體的經濟利益常凌駕於安全考量之上[28]。

　　在**人權**因素上，可從下列 4 項事件進行觀察：

- 1998 年起，歐盟不再於聯合國抨擊中國人權狀況，改為加強中歐「人權對話」。
- 2001 年 7 月 13 日北京獲得 2008 年夏季奧運會主辦權。此前曾承諾會改善人權、記者將享有完全新聞自由。事關人權的《經濟、社

---

[26] Jing Men, "EU-China Relations: Problems and Promises", *Jean Monnet/ Robert Schuman Paper Series Vol. 8 No. 13*, (Jun 2008)

[27] 龐中英，「評中歐『戰略夥伴關係』」，《國際問題論壇》*2007 年春季號（總第 46 期）*，(2007), http://www.siis.org.cn/Sh_Yj_Cms/Mgz/200701/2008517162321 GKBW.PDF, (30 Apr 2011)

[28] May-Britt U. Stumbaum, *The European Union and China, Decision-Making in EU Foreign and Security Policy toward the People's Republic of China*, Nomos (2009), pp.16-17

會及文化權利國際公約》並趕早於 2001 年 2 月 28 日由中國人大批准。

■ 2008 年的西藏騷亂、2009 年的新疆維族暴動等事件，除民調顯示出歐洲人負面觀感外，未在歐盟引起太高的波瀾。

■ 2009 年 10 月，歐盟同意解除自 2005 年開始對烏茲別克（Uzbekistan）施以的武器禁運[29]。該國遭武禁的原因類似「天安門事件」，因政府軍鎮壓造成百多名手無寸鐵的抗議民眾傷亡。

分析以上的事件，獲致結論：

■ 中國在人權議題上，似已對歐盟「劃上紅線」，不容任意「說三道四」。

■ 中國可視需要（如申辦奧運），採取諸如：承諾改善人權、釋放政治犯、批准「人權公約」等舉措以營造氣氛。

■ 中國處理如西藏騷亂等事件愈見圓熟，不致再有如「天安門事件」，引起國際間激烈反應之後遺。

■ 歐盟對烏茲別克（Uzbekistan）解除武禁遭到國際人權團體強烈批評，因為烏茲別克仍監禁有若干人權鬥士，僅因釋放若干政治犯及廢除死刑，而獲得歐盟以「進一步鼓勵該國提昇人權」為由解禁。本案與中國雷同，既鼓舞支持解除對中武禁者，也象徵歐盟在人權政策上的弱化。

2005 年中國的盤算是歐盟急於獲取商機，因此不需有任何讓步，歐盟自會解除武禁[30]。不過，歐盟卻並未作如是觀。2005 年 4 月，歐盟防止武器擴散代表安娜莉莎・詹內拉（Annalisa Giannella）說：「沒人說我們會免費解除武器禁運，中國必須採取重要且具體的步驟」[31]。

---

[29] Oana Lungescu, "EU removes Uzbekistan arms block", *BBC News* (27 Oct 2009), http://news.bbc.co.uk/2/hi/8327703.stm (10 Apr 2011)

[30] Spiegel Online, "'The Chinese Are Unready by Their Own Admission' for Global Leadership", *Spiegel Online* (29 Jan 2010), http://www.spiegel.de/international/world/0,1518,674896,00.html (9 Apr 2011)

[31] 引自：Katrin Bennhold and Graham Bowley, "EU Weighs Tying Arms Embargo to Rights,". International Herald Tribune, 13 April 2005

2007 年 1 月，歐盟主管對外關係執委費瑞羅－華德納（Benita Ferrero-Waldner）具體向溫家寶提出解除禁運的三項前提：

- 中國批准聯合國《公民權利和政治權利國際公約》（International Covenant Civil and Political Rights）[32]。
- 釋放參與天安門事件而遭到監禁的異議份子。
- 廢除不經司法審判的「勞教制度」（勞動改造再教育）。

　　費瑞羅－華德納的發言人表示，「在這些前提達成前，不可能解除禁運」[33]。

　　中國在解禁案的態度上，始終堅持要求的是無條件廢除。2010 年 1 月 28 日，針對媒體報導歐盟輪值主席國的西班牙「正在權衡（對中武器禁運）利弊」，中國外交部發言人馬朝旭回應時即表示：「中方希望歐盟方面儘早做出政治決斷，立即『無條件』和『徹底地』解除對華軍售禁令，為中歐關係的健康發展掃除障礙。[34]」

　　同樣也在 2010 年西班牙有意重提解除武禁案之際，歐盟廣泛流傳著中國「必須拿點什麼來交換」的意見。歐洲外交理事會（ECFR）高級政策研究員高德蒙（François Godement）指出：「上次歐盟提案解除武禁時，主要錯誤是在沒有向中國提出明確要求，最後解禁未能成功也因為中國沒能拿出什麼來交換」，「儘管西班牙的說法很實際，不過方法卻不應該如此」，「沒有規劃就倉促行事是本末倒置的」。高德蒙舉例說，歐盟可以拿解禁交換中國同意合作處理伊朗核武發展案[35]。「我們期待中國能釋出沒有特定要求的善意，但中國只是悍然

---

[32] 註：英國駐北京大使 Christopher Hum 也曾表示歐盟解禁前，中國應就批准人權公約設定時間表。中國在申辦奧運前（1998 年）就已簽署該人權公約，但遲遲未在人民大會批准通過。參考：Jing Men, "EU-China Relations: from Engagement to Marriage?" *Department of EU International Relations and Diplomacy Studies* (Jul 2008), p.15

[33] 「人權組織籲歐盟維持對中國武器禁運」，*中央社* (17 Aug 2009), http://www.cna.com.tw/forwardcontent/NewsPrint.aspx?strNewsID=200908170269 (18 Aug 2009)

[34] 王慧慧、李忠發，「中方要求歐盟無條件徹底解除對華軍售禁令」，*新浪網* (29 Jan 2010), http://mil.news.sina.com.cn/2010-01-29/0753582505.html (1 Apr 2011)

[35] Gerrard Cowan, "Spain looks to end EU's arms embargo on China", *JDW, Jane's Defence Weekly* (3 Feb 2010), p.14

拒絕任何的交換」，歐洲人不應該自欺欺人地以為中國會以平等的夥伴關係看待歐盟，中國只是不斷在找尋歐盟的弱點且加以分化利用；歐盟必須長期且認真地檢討其對中國的政策，然後再來談解除武禁。高德蒙還表示：「如果硬要說中國刺耳的放話會帶來什麼益處，那就是可以協助歐盟內的大國瞭解：該建立聯合陣線、別再各行其是了」[36]。

　　2010 年 9 月 2 日「德國之聲」報導，外長威斯特威勒（Guido Westerwelle）在「中歐戰略對話」前夕，公開致函給「歐盟外長」凱瑟琳‧艾希頓及其他歐盟成員國外長，要求歐盟改善成員國之間的溝通協調以及更明確地對中國提出歐盟的「核心利益」。德國「法蘭克福匯報」9 月 2 日摘要刊載外長的書函，指出：如果要取消武器禁運，歐盟不能沒有自己的條件。兩項條件分別是：放棄武力威嚇台灣、釋放所有因參與 1989 年民主運動至今繫獄者。

　　從以上的論述，包括各種版本的歐盟解除禁運「條件說」，可以發現歐盟傾向緊緊捉牢有限可用的籌碼，而中國卻認為歐盟應有愧於無法兌現解禁的政治承諾，只能「無償」（free）解禁，豈可再談附加條件（gifts in return）[37]？儘管如此，中國還是留下伏筆，例如：2008 年 3 月 18 日，中國宣布將儘快批准聯合國《公民權利和政治權利國際公約》；因「天安門事件」而入獄人數，自 2000 年的 213 名減少至 2009 年 5 月僅餘 30 名；中國在改進「勞教」制度的努力，於 2007 年底也曾獲得歐盟主管對外關係執委費瑞羅－華德納的讚揚[38]。

[36] Leo Cendrowicz, "Should Europe Lift Its Arms Embargo on China?" *Time* (10 Feb 2010), http://www.time.com/time/world/article/0,8599,1961947,00.html, (26 Mar 2011)

[37] May-Britt U. Stumbaum, *The European Union and China, Decision-Making in EU Foreign and Security Policy toward the People's Republic of China*, Nomos (2009), p.196

[38] Jerker Hellstrom, "The EU Arms Embargo on China: a Swedish Perspective", *Swedish Ministry of Defence* http://www2.foi.se/rapp/foir2946.pdf (9 Apr 2011), p.35

總之，中國堅持無條件解除武禁，隱約已在一些歐盟強調的核心利益（如經貿、人權）劃上紅線，不得輕易越雷池一步。不過，中國在與美國這場「歐盟解除對中武器禁運」較勁中敗下陣來，原因之一在過度自信、缺乏彈性，以為在 Big Three 三者掌握其二（法、德）便能無往不利。在策略上也有許多值得檢討的地方，如低估歐盟「共同外交暨安全政策」所需要建立會員國共識的困難程度；高估「伊拉克戰爭」所形成美歐之間的分歧；錯估中國市場的吸引力遠大於美國市場（特別在軍工業上）[39]。

五、中－歐：解禁是貶值的籌碼

自 2006 迄 2010 年間，解禁案儘管在歐盟內部並無明顯反對國家，實質上卻處於「冷凍中」的狀態，僅偶見部分政治人物零星炒作。中歐雙邊關係因達賴喇嘛訪問、奧運聖火傳遞等事件不斷惡化。歐盟不再願意主動碰「解禁」這個燙手山芋，中國態度也轉趨消極。分析主要原因有：

- 不再有國家領導級人物強有力出面倡導。
- 美歐「跨大西洋關係」回溫。
- 美國仍大力施壓歐盟維持禁運。
- 中歐「蜜月期」告終。
- 解禁已無實質效益。

歐盟領袖常掛在嘴邊的說法是：「解除對中武禁」只是「時間」上的問題，不過並無「時間表」的存在。歐盟夾在美國與中國兩強之間的應處之道，曾拿《歐盟武器輸出行為準則》當作擋箭牌。面對中國則表示「行為準則」修訂作業中，完成之後再談解禁；面對美國則強調會有更嚴格的「行為準則」，來取代執行成效受質疑的「對中武禁」。2005 年 3 月 24 日，英國首相布萊爾說：若強而有力管制武器

---

[39] May-Britt U. Stumbaum, *The European Union and China, Decision-Making in EU Foreign and Security Policy toward the People's Republic of China, Nomos* (2009), p.196

貿易的「行為準則」還未到位，歐盟對中武禁就不會解除[40]，就是期盼以一個版本能同時關照兩強的例證。

歐盟 1989 年至 2008 年在執行武禁制裁時，係分別以「控制清單」及「行為準則」兩項文件作為依據具體實施。並由 2003 年理事會下的「傳統武器輸出工作小組」（COARM, Working Party on Conventional Arms Exports）所公布的「使用者指南」（The Users' Guide）輔助執行。

在「**控制清單**」部分，管制措施的建立可溯至 1996 年 7 月 12 日。最初由 33 個主要為西方國家所組成集團，在荷蘭瓦森納（Wassenaar）簽署的《瓦森納協定》（WA, Wassenaar Arrangement）。該協定目的主要用以取代冷戰時期，西方陣營針對華沙公約組織等共黨國家，所制定之武器禁運機制，即：「輸出管制統籌委員會」（又稱巴黎統籌委員會，CoCom, Coordinating Committee for Multilateral Export Controls）。《瓦森納協定》最後共有 40 個世界主要國家簽署。

《瓦森納協定》主要管制範圍在傳統武器及軍民兩用貨品及技術的出口上。另與其他機制，包括《飛彈技術管制協定》（MTCR, Missile Technology Control Regime）、《核子供應國集團管制清單》（NSG, Nuclear Suppliers Group）、《核子出口國委員會》（ZC, Zangger Committee）以及主要管制生化武器《澳洲集團》（AG, Australia Group），共同形成一套較為完整的全球武器管制協定[41]。（**參考圖 7-1：全球武器管制協定圖**）

《瓦森納協定》中載明「資訊交換規則」和「控制清單」（Control Lists）。「控制清單」對軍民兩用貨品及技術（Dual-Use Goods and Technologies）、武器軍品（Munitions）做出列表。軍民兩用清單上還再分作兩類：敏感類（Sensative Items）及非常敏感類（Very Sensative Items）。

---

[40] Ed Johnson, "Blair says China arms ban will not be lifted", *The China Post* (25 Mar 2005), http://www.chinapost.com.tw/international/detail.asp?GRP=D&id=60112 (9 Apr 2011)

[41] 參考《瓦森納協定》官網：http://www.wassenaar.org/

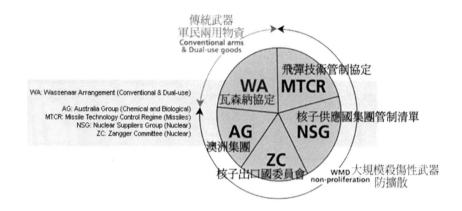

圖 7-1　全球武器管制協定圖

　　歐盟對《瓦森納協定》的具體貫徹，主要體現於 2000 年 6 月 13 日歐盟理事會通過的「1334 號法令」。該法令詳細列舉軍民兩用貨品及技術清單，以及武器清單，其基本內容與《瓦森納協定》清單沒有太大差別。這項法令後來經過多次修訂，成為對中國高科技出口管制的主要指導性文件。

　　在「**行為準則**」部分，1998 年 5 月，經非政府組織民間團體強力遊說多年後，歐盟訂定具有政治約束力的《歐盟武器輸出行為準則》，成為第一個採用區域性「行為準則」（Code of Conduct）的國家集團組織。

　　《歐盟武器輸出行為準則》旨在為歐盟成員國制定傳統武器輸出的「共同標準」，並提高歐盟國家間傳統武器交易的透明度。規範歐盟國家在下列情況下不會同意武器輸出[42]：

- 武器交易會牴觸對聯合國憲章或特定武器管制協定的承諾。
- 有「明確風險」（clear risk）所售軍備將用於內部鎮壓。
- 能引起長期武裝衝突或加劇緊張情勢。

---

[42]　參考美國科學家聯盟網站：http://www.fas.org/asmp/campaigns/code/eucode.html
　　（12 Sep 2009）

■ 有「明確風險」所售軍備將用於侵略他國或涉及領土爭議。

準則也特別要求成員國考慮武器輸出時要注意下列情況：

■ 武器是否可能用於對付歐盟成員國及友邦。

■ 是否可能發生技術轉移或使用逆向工程套取技術情事。

■ 軍備接受國支持恐怖主義的紀錄、人道主義（不使用武力對付平民）的貫徹、武器管制協定的遵守。

■ 軍備輸入國武器管制法律及機制的執行效能。

■ 軍備輸入國的經濟狀況，包括軍費與社福支出的對比。

■ 嚴重侵犯人權的事實。

從 1998 年 6 月 5 日歐洲理事會通過並公布的《歐盟武器輸出行為準則》文件中，也有與上述雷同而更詳細的 8 項標準，作為會員國審核武器出口時須考慮的因素。摘要各項標準重點為[43]：

■ 必須信守國際義務及有關武器軍備的國際承諾（包括聯合國、歐洲安全與合作組織 OSCE、及歐盟的武器禁運制裁決定）。

■ 歐盟武器接受國必須尊重人權。

■ 歐盟武器不能加劇該國已存在之對立與軍事衝突。

■ 歐盟武器不能被用來破壞區域和平、安全及穩定。

■ 歐盟武器不能被用來威脅歐盟成員國及盟邦。

■ 歐盟武器接受國不能支持國際恐怖主義，並且必須遵守國際法。

■ 歐盟武器接收國不能再輸出或者轉賣武器。

■ 考量武器接收國之科技力及經濟力，審查軍購是否屬合理國防開銷。

歐盟「行為準則」設有一個非常獨特的協商機制，以增加會員國間武器輸出的透明度，也避免發生類似削價競爭的行為。這個機制要求會員國若依「行為準則」規範否決出售某項軍備時，必須經由「外交途徑」通告其他會員國。若另一會員國欲核准乙項軍備輸出執照，而該項目屬於過去三年之內曾被否決出售的「本質相同交易」（essentially identical transaction），則須先與第一個否決出售的國家

---

[43] 參見"European Union Code of Conduct on Arms Exports", The Council of the European Union, Brussels, 8675/2/98, (5 June 1998)

雙邊協商，最初拒絕國要提供詳細的拒絕理由。會員國彼此間也須提供機密性的年度武器軍備輸出及行為準則施行狀況報告[44]。

　　加強版的《歐盟武器輸出行為準則》及其法制化於 2005 年開始研擬進行。一旦通過受影響最大者，自然是歐盟中武器出口的大國，這也可說明法國對賦予「行為準則」法律效力最不熱衷。由於曾將《歐盟武器輸出行為準則》與解除對中武器禁運案兩者綁標，而無法順利獲得會員國同意通過，「行為準則」長時僅具政治效力，而無法律效力[45]。經過 3 年的延宕[46]，歐盟終於在 2008 年 12 月 8 日通過一份有法律約束力的「共同立場」文件，取代修訂版的「行為準則」[47]，即《界定管理軍事技術與裝備出口管制的共同規定》[48]。最耐人尋味的是：這項具有法律約束力的「共同規定」，竟是在長期主張解除對中國武禁的法國輪值主席時（2008 年下半年）確立[49]，但若對照當時中法緊張且惡劣的關係，上述特殊巧合便不致令人意外。2008 年 11 月 13 日，法國總統薩科齊表示將會在 12 月 6 日出訪波蘭期間會見達賴；11 月 27 日中國政府臨時宣布推遲原定 12 月 1 日在法國里昂召開的中歐峰會，隨後法國政府 12 月 8 日催生出這份「共同規定」文件，報復意味濃厚。

　　《界定管理軍事技術與裝備出口管制的共同規定》更為具體嚴格，與保留下來經過不斷修訂的「歐盟共用軍事清單」（Common Military List of the European Union）以及「使用者指南」（The User's Guide）共同規範軍事技術及軍備的出口。因此就算解除對中國武器

---

[44] 參考美國科學家聯盟網站：http://www.fas.org/asmp/campaigns/code/eucode.html（12 Sep 2009）

[45] 參見附錄一：與歐盟成員國政府官員會談紀要。

[46] Noel Kelly Mark Bromley, *SIPRI Yearbook 2009: Armaments, Disarmament and International Security*, (2009), p.338

[47] Mark Bromley Paul Holtom, *The limitations of European Union Reports on Arms Exports: The Case of Central Asia*, (2010), p.4

[48] Defining Common Rules Governing Control of Exports of Military Technology and Equipment

[49] 新唐人網，「法國改口同意歐盟對中共武器禁運」，(14 Dec 2008), http://www.ntdtv.com/xtr/b5/2008/12/13/a233569.html (26 Aug 2009)

禁運，軍售執照的取得仍有相當程度的限制。「共同規定」基本採用《歐盟武器輸出行為準則》的 8 項標準，違反前 4 項標準明定禁止輸出（Shall Deny），不符後 4 項標準則要列入考量（Shall Take into Account）。歸納新規定有以下特點：

- 新的法律：不同於「行為準則」僅具政治效力，本規定有「共同立場」的法律位階。
- 新的名字：以「共同規定」（Common Rules）取代「行為準則」（Code of Conduct）。
- 新的範圍：應用更廣，包含國外製造執照核可、軍火仲介活動、轉運轉手、技術轉移、非實體物資輸出等的管制。
- 新的報告：除自 1999 年起，歐盟公布年度軍售報告外，各成員國也要發表各自的年度軍售報告。

　　但也有論者指出：會員國有義務立法以符合「共同立場」文件的要求，真正的法律效力，還是必須要會員國國內法（如之前德國武器禁運的作法）才能落實。不論歐盟是否解除對中武禁，《界定管理軍事技術與裝備出口管制的共同規定》已經是新的緊箍咒，從軍事層面言，解禁至此對中國缺乏明顯而實質的效益。中國政府也似乎屢次尋求突破不果，轉而改以經濟議題為優先，重點多放在諸如爭取獲得「市場經濟地位」上，不再急於「對中武禁」的解除。

六、美－歐：調整跨大西洋關係

　　在歐盟對外政策制定上，相較於歐洲議會及輿論意見經常遭到忽視，美國龐大的影響力明顯受到注意。2005 年 6 月 3 日西歐聯盟（WEU）曾提出「解除對中國軍售禁令」的研究報告，其中建議應維持對中國之軍售禁令，報告結論中強調：歐盟應儘量避免因此項決議而引起美國的不滿[50]。惟「解除對中武禁」事件的發展及美歐立場的歧異，不

---

[50] 張台麟，「歐盟擬解除對中國軍售禁令之發展與困境」，《歐洲國際評論》第三期，(2007)。

僅美國朝野都不滿意，美歐傳統堅實的「跨大西洋關係」也遭受衝擊。2005年後，美國與歐盟國家亦分別就此進行檢討及修補。

德國總理施若德、法國總統席拉克急於推動「解除對中武禁」，事先並未與其他歐盟國家及美國充分諮商。一般論述同意，施若德及席拉克提倡解除禁運之動機，並非真的希望增加對中國的軍售，而是希望藉此表達善意：願與北京更進一步合作交流。解除軍售禁令因此正是善意的象徵，但美國恰恰不願意釋出這樣的交往信號。這是歐洲與美國在對中國政策上的差異，也顯示美國與歐洲國家間，存在著戰略矛盾與利益衝突。

面對美國強力介入「解除對中武禁」案，歐盟並不情願配合，反彈聲浪也時有耳聞。歐洲國家抱怨：以色列持續輸出武器及軍事科技至中國大陸，美國卻沒有真正像樣的抗議或反對；澳洲早在1992年就全般解除對中國包括武禁在內的所有制裁措施；加拿大甚至自始至終沒有對中國實施過武器禁運；更別說俄國長年大量軍售中國，美國從未置喙一詞，何以卻「獨厚」歐盟？歐洲國家還認為：美國聲稱歐盟若做出解禁決議，就是向中國戰略傾斜，把歐盟與中國保持良好和睦的關係，視作是一項對其長期潛在的威脅，這樣的觀點有失偏頗；有學者指出，除法國或有可能具備較大格局的全球戰略考量，其他歐洲國家主要僅純以經貿利益為著眼[51]。歐洲的軍工企業普遍認為美國是想保有其在東亞軍火市場的主導地位，於是犧牲歐洲公司的利益，反對解禁不是為美國安全考量，而是阻止歐洲武器進入亞洲市場[52]。

2004年以前，美國並沒有認真看待中國與歐盟間重要的關係發展，沒有注意到中歐交往的範圍及本質可能對美國政治、外交及經濟上造成的何種影響。華府的政治人物目光焦點完全為全球反恐（2001年911恐怖攻擊）、阿富汗戰爭（2001年10月7日開打）、伊拉克戰爭（2003年3月20日開打）所吸引。美國的政策制定者及分析家

---

[51] Eugene Kogan Ezio Bonsignore, "Fatal Attraction: The EU Defence Industry and China", *NATO's Nations and Partners for Peace 2* (2005), p.17

[52] May-Britt U. Stumbaum, *The European Union and China, Decision-Making in EU Foreign and Security Policy toward the People's Republic of China*, Nomos (2009), pp.189-190

對中歐之間經貿的蓬勃發展、關係的日趨密切，反應出來的態度，傾向負面而少有轉圜[53]。

美國檢討美歐關係因為「解除對中武禁」而面臨挑戰的原因，在於[54]：

■ 政治領袖個人意向。

■ 歐洲對美國單邊主義的觀感。

■ 安全認知及威脅因應上存在差異。

■ 美歐間軍力差距。

■ 歐盟的政治演進。

美國除認定歐洲若干國家領導人「親中反美」是關係惡化的主因外，還抨擊歐洲的中國觀點被商業貿易所主導，只注意到中國會是歐洲未來的主要市場，而未正視中國同時也是一個崛起中的競爭者，甚至是戰略上的對手。如果注意到中國在拉丁美洲以及非洲等地所採取的能源戰略，歐洲在對中政策考量上，就不應只考慮人權、貿易，還應注意到戰略安全問題[55]。

美國也發現到，歐盟在國際事務上期望成為「全球角色」，美國卻並未給予肯定及足夠重視。在「解除對中武禁」議題發酵之前，美國很少與歐盟討論亞洲安全的議題，例如北韓的核武危機等[56]。以朝鮮半島核危機為例，歐盟很早就開始關切，1998 年與北韓舉行過第一次高層政治對話，雙方關係進入全面接觸階段；2001 年 5 月 14 日歐盟委員會宣布與北韓建交，歐盟輪值主席瑞典首相佩爾松（Hans

[53] Bates Gill, "The United States and the China-Europe relationship." in *China-Europe relations: perceptions, policies and prospects*, edited by Eberhard Sandschneider David L. Shambaugh, Hong Zhou, 2008, p.270

[54] Kristin Archick, "The United States and Europe: Possible Options for U.S. Policy", *Congressional Research Service* (23 Jan 2006)

[55] Eberhard Sandschneider, "Is China's military modernisation a concern for the EU?" in *Facing China's rise: guidelines for an EU strategy*, edited by Marcin Zaborowski, Paris: *European Union Institute for Security Studies* 2006 pp. 44-45

[56] Axel Berkofsky, "The EU-China strategic partnership: rhetoric versus reality." in Ibid. p.111

Göran Persson）、歐盟共同外交暨安全政策高級代表索拉納（Javier Solana de Madariaga）以及歐盟委員會外交委員彭定康（Christopher Francis Patten）率團訪問平壤，將歐盟與北韓關係推向高峰。但在 2003 年 10 月北韓核子危機再次爆發後，雙邊關係發展便急遽降溫[57]。日本報紙《產經新聞》2004 年 3 月 1 日引用法國外交部一位官員的話說，歐盟願意參加旨在解決朝鮮半島核問題的六方會談[58]。「六方會談」中並無歐盟席次，對歐盟在全球外交與安全事務的努力是一項打擊。

　　歐盟藉由解禁辯論，也認知到以往對亞太地區安全情勢重視程度不夠。有感於此，歐盟覺得有需要向國際社會及盟友說明本身立場，有需要對重要的全球戰略議題加深認識。隨後歐盟亦採取行動，加強與美國、中國、日本、南韓、澳洲等的對話，發展新的戰略思維。實際上，解除武禁議題間接促成歐盟與美國及日本間的戰略對話[59]。2005 年 5 月，美國與歐盟在布魯塞爾舉行首次「東亞戰略對話會議」，形成每年兩次的對話機制；此外，德國馬歇爾基金會 2006 年創辦的布魯塞爾論壇，也都是歐美官員和學者討論包括中國在內全球性議題的重要平台[60]。

　　「解除對中武禁」案造成與美國間的歧見，歐盟也察覺出有必要發展出一套對中國完整的安全觀，以往未加重視的議題都須列入考量，諸如：

- 中國的國防政策。
- 中國軍事現代化現況。
- 亞太安全情勢。
- 中國能源政策。

---

[57] 馮仲平，「歐盟在『六方會談』門口張望」，《世界知識》2004 年第 05 期。

[58] 中新網，「法官員稱歐盟也有責任參與六方會談解決朝核問題」，中新網 (2 Mar 2004), http://news.163.com/2004w03/12479/2004w03_1078193357158.html (12 Sep 2009)

[59] Antonio Tanca, "Towards a comprehensive China strategy." in *Facing China's rise: guidelines for an EU strategy*, edited by Marcin Zaborowski, Paris: *European Union Institute for Security Studies* 2006 p.121

[60] 張健，「歐盟對華認知變化及政策調整」，《現代國際關係》2007 年 11 期，http://politics.csscipaper.com/china/cndiplomacy/22511_3.html, (9 Apr 2011)

七、中－美：見證勢力消長

　　儘管中國與歐盟都致力在世界舞台發揮更大的影響力，但兩者個別與美國的關係，仍被視作其對外關係中最優先也最重要的選項，從而使美國在中國與歐盟關係上扮演重要角色，「歐盟解除對中武器禁運」事件的發展足供證明。

　　中歐關係的走向，很大程度上受到中、美、歐三角關係的影響，甚至可以說是中、美、歐三方博弈的結果。縱觀中歐關係發展，舉凡歐美關係「趨淡」，中歐關係便會「趨好」[61]。

　　「中國崛起」的同時，美國似乎正在衰退。2001 年以來，美國打著反恐的旗幟卻深陷阿富汗戰爭、伊拉克戰爭，好不容易先從伊拉克戰爭脫身，2008 年的次級房貸引發的金融海嘯卻又受傷慘重。美國外交學會會長李察哈斯認為：「美國統治世界的時代正走向終結。新的時代或許將是更多的國家、企業、政府背景的資金、國家機構及恐怖組織群雄並起的複雜時代」。美國的衰落並不是反恐和伊拉克戰爭所造成，而是全球政、經、文、軍結構的變化所形成。它係客觀環境的演變發展，而非國家意志所能強加主導。中國、俄羅斯、印度、巴西在地緣政治上各據一方，歐盟自主性加強，非洲正在遠離美國，穆斯林世界對美國充滿仇怨[62]。

　　分析美國、中國在歐洲受歡迎程度，似亦可印證在解禁議題上對歐影響力的消長。下列 3 份民意調查分別檢視美、中在歐洲人心目中受歡迎的程度。

　　從第 1 份民調圖表（**參考圖 7-2：美國在歐洲人民受歡迎度調查**）可以看出，自 2000 年至 2008 年（亦即美國小布希總統主政時期），美國在歐洲主要國家（英、德、法、西）受民眾歡迎走勢一路下滑，特別是 2000 年至 2005 年跌幅劇烈，時間點約略正是 911 恐怖攻

---

[61]　余翔，「2009 年中歐關係，再回到正常軌道」，*中國評論新聞* (18 Dec 2010)，http://chinareviewagency.com/doc/1011/6/0/6/101160680.html?coluid=137&kindid=4 (31 Mar 2011)。

[62]　陳毓鈞，「美國衰落與台美關係」，*中國時報* (1 Jan 2008)，版 19。

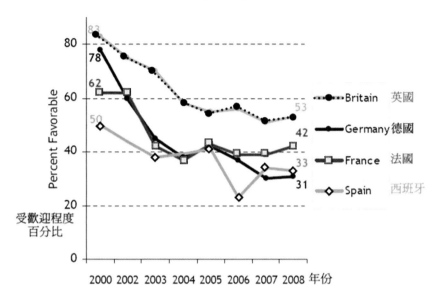

資料來源：The Pew Global Attitude Project, 2008

圖 7-2 美國在歐洲人民受歡迎度調查

擊事件後，美國陸續發動阿富汗（2001 年）及伊拉克戰爭（2003 年），也是採取「單邊主義」的「新保守主義」（neo-conservatism）者當道之時。由於「單邊主義」及冒然發動伊拉克戰爭等不受歡迎的政策，美歐深遠的「跨大西洋關係」產生裂痕，全球唯一超強的美國在歐盟解除對中武禁的「洶湧期」（2003-2005 年）竟覺得使不上力。

第 2 份民意調查則可看出 2005 年至 2008 年中國受歐洲人歡迎度的變化（**參考圖 7-3：中國在歐洲人民獲正面評價調查**）。

英、法、德三國 2005 年以後有越來越多受訪者對中國持負面觀感，持正面觀感的法國及德國人從 2005 年近六成迅速下滑至 2008 年不及三成[63]。

---

[63] Ingrid d'Hooghe, *The Limits of China's Soft Power in Europe, Netherlands Institute*

Percentage of People with a Positive View of China

Countries	Pew 2008	Pew 2007	Pew 2006	Pew 2005
	%	%	%	%
United Kingdom	47	49	65	65
France	28	47	60	58
Germany	26	34	56	46

Sources: 'Global Public Opinion in the Bush Years (2001–2008)', 18 December 2008; 'Global Economic Gloom, China and India Notable Exceptions', 12 June 2008; 'Global Unease with Major World Powers', 27 June 2007, all from the *Pew Global Attitudes Project*, The Pew Research Centre, available online at http://pewglobal.org/.

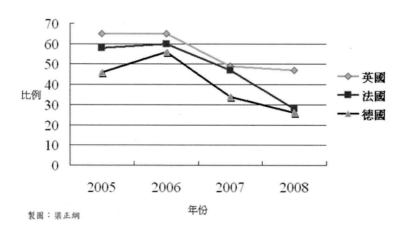

資料來源：'Global Public Opinion in the Bush Year (2001-2008)', 18 Dec 2008; 'Global Economic Gloom, China and India Notable Exceptions', 12 Jun 2008; 'Global Unease with Major World Powers', 27 Jun 2007; all from the Pew Global Attitudes Project.

圖 7-3　中國在歐洲人民獲正面評價調查

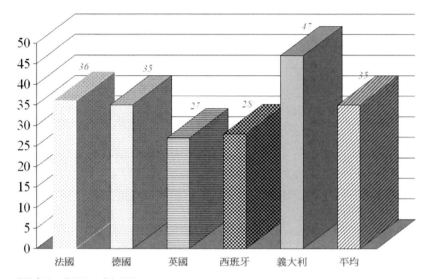

資料來源：英國金融時報2008
製圖：梁正綱

資料來源：英國金融時報（2008）

圖 7-4　中國是世界上最大威脅調查

　　第 3 份民調係由英國金融時報於 2008 年所公布（**參考圖 7-4：中國是世界上最大威脅調查**）。報導說：歐洲人慣於將好用武力的強大國家視作威脅，排斥總是彰顯強大軍力的國家，由於美國陸續在阿富汗及伊拉克用武，因此曾被歐洲人視為對世界和平穩定最大的威脅。2008 年西藏發生的暴動鎮壓事件，同樣也引起歐洲人對中國的反感，中國從而取代美國成為威脅全球穩定最大的禍首。

　　5 個歐洲國家中平均有 35%的受訪者認為中國是最大的威脅。義大利有 47%受訪者視中國為最大威脅，是對中國威脅感到最不安的國家。法國、德國、英國和西班牙分別是 36%、35%、27%及 28%。中國的人權問題早已是歐洲人關注焦點，北京在西藏暴動中使用武力並造成人員傷亡，更加深歐洲人負面觀感。另一個影響因素則來自經濟

層面，對中國持最負面看法的義大利，與中國在許多商品上有激烈的競爭，在義大利人眼裡中國就是問題與挑戰的代名詞。

從上述 3 份的民調結果，可獲致以下結論：

■ 2005 年是中國有望歐盟能順利解除武禁的機遇年，當時美國受歡迎度下滑至低點，而中國正面評價還處於高點。

■ 2005 年起，歐盟親中反美路線的主要領袖席拉克及施若德紛紛交棒，美、中在歐洲人受歡迎程度開始發生變化。

■ 2005 年後，中國的「軟實力」（Soft Power）在歐洲遭遇挫敗，2008 年北京奧運的成功並未有力拉抬中國的「軟實力」，反而西藏、新疆暴動鎮壓、達賴喇嘛訪問、諾貝爾和平獎抵制不斷延續負面印象。

■ 美、中在歐洲的民心向背是「軟實力」的彰顯；雖無直接證據顯示民意歡迎度影響歐盟外交政策之傾向，卻意外地與解禁案發展隱合。

此外，解禁案的發展也突顯中國與歐盟對外關係的重要差異，即彼此個別與美國的關係，雖然都是對外關係的最優先項目，但面對美國的立場及策略則大相逕庭。

經歷金融海嘯，深陷伊拉克及阿富汗戰場的美國，在國際上的聲望雖略有下滑，但展望未來 10 年，世界第一大經濟體及軍事超強的地位不會受到撼動。

第二節　建議事項（台灣）

台灣的努力看到了嗎？

從台灣的角度，歐盟一旦解除對中國武器禁運，將危及台海安全。台灣是最直接受到解禁案影響的個體。2003 年歐盟對中武禁議題逐漸發燒後，台灣便相當關切解禁案的發展，如：2004 年 10 月 14 日，外交部歐洲司副司長謝俊得表示，外交部高度重視歐盟檢討對中軍售禁令案，將會密切觀察 2004 年 12 月 8 日在海牙舉行的中歐峰會[64]。台灣也利用各種機會、場合表達台灣反對解禁的立場，包括：

---

[64] 王海峰，「中歐峰會召開在即，『台獨』人馬阻撓對華軍售」，*環球時報* (6 Dec 2004), http://www.people.com.cn/BIG5/guoji/14549/3039966.html

- 2004 年 4 月，陳水扁總統向來訪的德國國會「柏林台北友好小組」主席羅斯表示，請渠多發揮影響力，使德國不致放寬或解除對中國武器的禁運。

- 2004 年 9 月，駐歐盟代表程建人接受採訪時表示：台灣反對歐盟解除對中國武器禁運主要出於兩個原因，一個是安全；另一個是人權。一旦海峽兩岸的平衡不復存在，日本、韓國、東南亞地區國家的利益，以及澳大利亞、紐西蘭和歐盟國家在該地區的利益都會受到影響；大陸的人權狀況在過去 15 年間「進步有限」，因此歐盟對中國實施武器禁運的基礎「仍然存在」[65]。

- 2004 年 10 月 1 日，外交部長陳唐山在英國《金融時報》發表文章，呼籲歐盟不宜解除對中國武器禁運條例，指出歐盟若開放出售中國武器，世界將為此付出代價。「一旦台海發生軍事衝突，必將使歐盟 1/4 的出口受到直接影響，不僅波及歐盟與台灣數十億歐元的貿易，還將使全球數字化產業受到重創」。

- 2004 年 10 月 11 日歐盟外長會議前夕，中華民國台灣政府在《歐洲之聲》周報上刊登反對解除禁令的整版廣告[66]。

- 2004 年 11 月中下旬，陸委會主委吳釗燮、總統府副秘書長黃志芳等分赴德、法、英等國進行遊說。在吳釗燮、黃志芳及駐歐盟代表程建人的活動下，由歐洲 26 名議員組成「馬可波羅俱樂部」，發表聲明「支持歐盟維持對中軍售禁令」[67]。

- 2004 年 12 月 2 日，外交部長陳唐山向英、法、德、義、荷及歐盟駐台代表，闡述台灣在歐盟解禁對中軍售問題上的立場。除強調中國大陸的人權狀況沒有改善，也指出中國對台灣的威脅。他說：「歐盟是否解除對中軍售禁令關係到台灣安全、區域穩定及世界和平，台灣非常期盼歐盟能維持禁令」[68]。

---

[65] 環球時報，「台當局預感歐盟將開放對華軍售，借美向歐盟施壓」,(22 Sep 2004), http://news.sina.com.cn/c/2004-09-22/09573735535s.shtml (9 Apr 2011)

[66] 王海峰，「中歐峰會召開在即，『台獨』人馬阻撓對華軍售」，環球時報 (6 Dec 2004), http://www.people.com.cn/BIG5/guoji/14549/3039966.html

[67] Ibid.

[68] Ibid.

- 2004 年 12 月 14 日，行政院新聞局駐慕尼黑新聞處主任趙慶明投書德國南德日報指出，解除對中國武器禁運將危害兩千三百萬台灣人民的安全，歐盟不應解除這項禁令，加強中國對台灣的威脅[69]。
- 2005 年 2 月 17 日，英國金融時報線上版以「解禁案的荒謬」為題，刊出台灣駐英國倫敦辦事處代表林俊義的投書，指 16 日該報專訪法國國防部長艾利歐馬利（Michèle Alliot-Marie）女士，其說出對中國解除軍禁是為「減緩中國自行研發先進武器的速度，因為購買得到就不會自行研發，以此認為對歐盟國家更有保護」的說辭荒謬無稽並有悖邏輯[70]。
- 2007 年 4 月 2 日，陳水扁總統在接見義大利眾議員暨國會友台小組副主席坎帕（Cesare Campa）時，籲請義國政府，發揮影響力促請歐盟繼續維持對中國武器禁運的決定[71]。

　　台灣與歐洲在戰略安全的互動上，自 1980 年代成功購得荷蘭製造潛艦，1992 年以來海、空軍先後自法國獲得拉法葉級巡防艦與幻象 2000-5 型戰機後，再無值得關注的軍事交流。有學者指出，2003 年由法國領頭推動的「解除對中武禁」，大多數歐盟國家討論之初，只聚焦在中國的人權紀錄，並不願意考慮解禁案可能會對台海軍事緊張情勢產生的嚴峻影響。

　　作為解除武禁後可能受到安全衝擊最為嚴重的一方，台灣理所當然關注解禁案進展，但歐盟卻似乎並未相對認真聆聽或關切過台灣的處境或立場。作者詢問多位歐盟成員國實際執行武器禁運官員及智庫研究解禁學者，渠等能非常清楚掌握美國及中國於解禁案之不同立場，也知道日本多次表達的關切，但卻從未注意到中華民國台灣所持態度。2003 年 12 月歐盟推出首部《歐洲安全戰略》（A Secure Europe in a Better World: European Security Strategy）文件，壓跟便沒有提及

---

[69]　林育立，「趙慶明投書德報籲歐盟勿解除對中武器禁運」，*中央社* (14 Dec 2004)。
[70]　胡蕙寧，「法首長支持解除對中武禁，我駐英代表投書媒體駁斥」，*自由時報* (17 Feb 2005)。
[71]　溫貴香，「總統籲義國政府，促歐盟維持對中國武器禁運」，*中央社* (2 Apr 2007)。

台海問題[72]。只能說，台灣在歐盟的發聲還是太微弱；台海問題的國際能見度不足；歐盟也並未認真關切台海安全。

歐盟與中國經貿、社會、教育、文化等交流日趨緊密之際，中國對歐盟的期盼與要求亦隨之升高。2003 年 10 月，中國外交部發表《中國對歐盟政策文件》，官媒指出這份文件是「中方對近 8 年來歐盟發表 5 份對華政策文件的回應」[73]。《中國對歐盟政策文件》的重要意義，除是中國首次以正式文書擘畫與歐盟的關係外，也是第一次將以往多次與世界各國建立外交關係的條件（如「一個中國」）明列入政策文件之中，長串的清單包括[74]：

- 妥善處理台灣問題關係到中歐關係的穩定發展。
- 希望歐方始終尊重中方在台灣問題上的重大關切，警惕台灣當局製造「兩個中國」、「一中一台」的圖謀，慎重處理涉台問題。
- 不允許台政要以任何藉口赴歐盟及成員國活動。
- 不與台當局進行任何具有官方性質的接觸與往來。
- 不支援台加入只有主權國家參加的國際組織。
- 與台交往應嚴格限制在非官方和民間範疇。
- 不售台武器和可用於軍事目的的設備、物資及技術。

歐盟對上述的「規則」照章全收，且中國持續的施壓也讓歐盟政府深信與台灣發展任何「類官方」（quasi-official）關係都會代價高昂[75]。

中國正在崛起。2008 年 8 月北京奧運風光舉行；2009 年中國最早擺脫金融海嘯，隨後取代德國成為全世界第 1 大出口國；2010 年超過日本成為緊隨美國之後的世界第 2 經濟大國，中國在全球的影響力與日俱增。

---

[72] Jerker Hellstrom, "The EU Arms Embargo on China: a Swedish Perspective", *Swedish Ministry of Defence* http://www2.foi.se/rapp/foir2946.pdf (9 Apr 2011), p.30

[73] 新華社，「中國希望通過首份對歐政策文件推動雙邊關係」，人民網 (14 Oct 2003), http://www.people.com.cn/GB/shizheng/2131885.html (28 Feb 2011)

[74] 摘自：《中國對歐盟政策文件》，中華人民共和國外交部 (13 Oct 2003)。

[75] Jean-Pierre Cabestan, "The Taiwan issue in Europe-China relations." in *China-Europe relations: perceptions, policies and prospects*, edited by Eberhard Sandschneider David L. Shambaugh, Hong Zhou, 2008 p.96

相較之下，台灣面臨處境邊緣化的危機，更難發揮作用。台灣與崛起強大的中國在外交戰略上的爭戰，反應在國際現勢是台灣經常處於極不利的處境。2004 年 1 月，胡錦濤訪問巴黎，法國總統席拉克將當時台海緊張情勢完全歸罪於是因為台灣陳水扁總統 2003 年 11 月宣布的公投提案[76]。

檢討台灣在解禁案做出的努力，有學者指出，台灣對歐洲政府進行的遊說活動並不太成功[77]。造成這樣的情況主要受到許多限制：

- **歐洲並無龐大的台灣移民社群（émigré community）可供動員**：與美國地區相較，旅居歐洲的台灣僑民人數甚少[78]，無法形成龐大有力的社群（**參考表 7-1：海外臺灣僑民人數**）。在歐洲地區，沒有類似「台灣人公共事務協會」（FAPA, Formosan Association for Public Affairs）等政治社團組織，在美國為台灣國際地位發聲[79]、爭取利益，而歐洲台商社團對於遊說運作也不積極。

- **歐盟關鍵成員國僅係中等強權，無力抗衡中國**：1990 年中期後，與中國的政經關係對歐盟及其成員國日益重要，而主要成員國如英、法、德也僅僅屬於中等強權，面對中國的強勢要求必須謹慎以對，不敢掉以輕心。2008 年底法國總統薩科齊執意接見西藏精神領袖達賴喇嘛，此舉觸怒北京。中國不僅臨時延遲即將召開由法國擔任歐盟輪值主席的中歐峰會，2009 年 1 月由溫家寶率領龐大的貿易投資促進團，還刻意避開不去巴黎，而出訪在法國周邊大部分的國家。身為聯合國安理會常任理事國的法國尚且會遭到這樣的「懲罰」，看在其他歐洲小國的眼中，還敢輕舉妄動？

---

[76] Ibid.in p.94

[77] Ibid.in pp.96-98

[78] 依據僑委會 2010 年資料，旅居美國台僑約 91.9 萬人，而全歐洲台僑僅約 3.3 萬人。參考表 7-1《海外台灣僑民人數》，http://www.ocac.gov.tw/download.asp?tag=P&file=DownFile/File_23642.pdf&no=23642 (3 Aug 2011)

[79] 作者註：在華府的台灣人公共事務協會（FAPA）等台美人社團，2004 年 11 月 5 日赴駐華府的法國大使館門前抗議，要求法國別賣武器給中國。紀錦玲，「FAPA 向法國駐美大使抗議，要求別售武給中國」，中央社 (6 Nov 2004)。

- **台灣投入歐洲外交資源有限**：雖然台灣駐歐盟代表多為曾任次長級以上的資深外交官，顯示出中華民國台灣對歐盟關係的重視；然而歐洲國家眾多，各駐外使館人員編配有限，人力不足加上對歐盟及其成員國的遊說規畫亦欠周延，使得台灣在歐洲地區的外交工作績效不易彰顯。

- **歐盟因北京施壓而卻步**：歐盟及其成員國囿於中國的壓力，權衡若採取任何對台灣有利的舉動都可能付出高昂的代價，凡事以不要造成與中國之間有麻煩為原則，使台灣在維護權益時面臨重重阻礙。例如：2000 年英國雖同意發給甫卸任的李登輝總統簽證，使渠得以至倫敦探視孫女，但嚴禁有任何公開活動行程；又如 2001 年 11 月，由於法國政府拒絕發給陳水扁總統簽證，使得國際自由黨聯盟頒發的「自由獎」只能由陳水扁夫人吳淑珍前往法國史特拉斯堡代領。

- **歐洲議會外交角色受限**：台灣在接觸歐洲政界或具影響力人物時，不得不選定較容易交往的目標，國會議員佔大多數。偏偏在外交政策上，歐洲議會的議員經常既說不上話，也使不上力。不過，歐盟議會確實給予台灣許多的支持。如：2001 年投票通過給予陳水扁總統入境簽證，以利前往歐洲議會所在地法國史特拉斯堡領取「2001 年自由獎」；2002 年決議敦請歐盟執委會，支持台灣加入 WHO 以及亞歐會議；2002 年要求中國撤除對台部署飛彈。

表 7-1　海外台灣僑民人數（2010 年底）

僑居地別	人數（千人）	占總人數百分比	占各洲人數百分比
總計	1,781	100.0	
亞洲	581	32.6	100.0
印尼	208	11.7	35.8
泰國	140	7.9	24.1
日本	61	3.4	10.5
越南	56	3.1	9.6
馬來西亞	45	2.5	7.7
新加坡	30	1.7	5.2

汶萊	30	1.7	5.2
菲律賓	4	0.2	0.6
其他	8	0.4	1.4
美洲	1,118	62.8	100.0
美國	919	51.6	82.2
加拿大	92	5.2	8.2
巴西	70	3.9	6.3
哥斯大黎加	14	0.8	1.2
阿根廷	11	0.6	1.0
巴拉圭	4	0.2	0.3
其他	9	0.5	0.8
歐洲	33	1.8	100.0
法國	10	0.6	30.7
德國	7	0.4	21.5
英國	6	0.3	17.8
其他	10	0.5	30.0
大洋洲	38	2.1	100.0
澳大利亞	28	1.5	72.4
紐西蘭	10	0.6	26.2
其他	1	0.0	1.4
非洲	11	0.6	100.0
南非	10	0.6	86.8
其他	1	0.1	13.2

製表：梁正綱
時間：3 Aug 2011
資料來源：http://www.ocac.gov.tw/public/public.asp?selno=9429&no=
9429&level=C
更新日期：2011/6/17 下午 02:09:21
說明：海外台灣僑民係指從台灣（即台澎金馬）移出之僑民及其後代。

海外臺灣僑民人數各洲比例圖

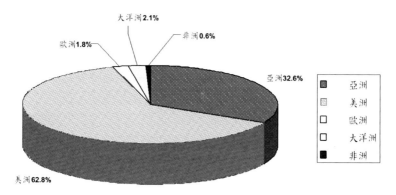

圖 7-5　海外台灣僑民人數各洲比例圖

　　基於上述事實，從 1989 年至 2010 年間，促請歐盟維持對中武器禁運努力過程中所獲得的經驗教訓，中華民國政府在因應歐盟爾後的解禁案討論，以及未來面對類似國際間可能攸關到台灣戰略安全的議題，作者有以下建議：

一、賡續提昇與歐洲議會友好關係

　　歐洲議會是歐盟體制下重要機構之一，前已述及歐洲議會多次通過對台灣友好的決議案。儘管歐洲議會在歐盟外交安全事務上角色重要性並不及理事會及執委會，但在解禁議題上反而最能淋漓演出、搶盡鋒頭。歐洲議會多次決議促請歐盟維持禁運，如：

- 2005 年 1 月 13 日堅決反對少數會員國所提取消對中國武器禁運案，並籲請北京先行採取具體措施，改善其境內人權狀況。
- 2005 年 4 月 14 日對於中國制訂《反分裂國家法》，導致台海兩岸緊張情勢加劇，正式表達嚴重關切。
- 2006 年 9 月 4 日重申反對歐盟取消對中國的武器禁運，要求歐盟領袖關切北京的人權和民主紀錄，同時支持台灣作為全中國的民主典範。

歐洲議會也提供美國呼籲歐盟續維持武禁的舞台，2005 年 5 月 5 日曾同意美國常務副國務卿佐利克（Robert Zoellick）在外交事務委員會上發表演講[80]。

　　近期台灣與歐洲議會主要的互動有：2009 年 2 月 11 日，立法院長王金平拜會歐洲議會，並發表「台灣歐盟關係與兩岸關係之現況及展望」為題的講演，成為第一位在布魯塞爾歐洲議會內發表演說的中華民國立法院長。2009 年 10 月 27 日，馬英九總統接見「歐洲議會友台小組」主席譚諾克（Charles Tannock）一行，馬英九總統期盼未來與歐洲議會的交流與友好關係能持續提升，不僅有助台灣參與國際事務，也有助與各議員代表的國家和台灣增強雙邊關係。2010 年 9 月 14 日，陸委會主委賴幸媛在歐洲議會演說。這是中華民國近十年來第一位政府官員在歐洲議會演講。

　　台灣與歐盟關係發展上，歐洲議會絕對是中華民國必須積極並持續耕耘的對象。

二、加強與歐盟成員國國會互動

　　解禁案轟轟烈烈討論時期，議員在議會殿堂上高強度的質詢以及明確反對解禁的態度，雖未直接影響政策走向，但也擴大決策團隊成員中原已存在的分歧。歐盟成員國國會遠較歐洲議會運作成熟，監督權也更大。各國執政者須考量違背國會要求將付出的高昂政治代價，以及擔心觸怒人權運動者可能會有的負面效果。荷蘭國會即享有盛名，以有能力改變政府決策而成為典範。

　　《里斯本條約》生效後，各成員國國會在歐盟決策上將有更重要的地位。與歐洲議會在外交安全領域並無實權不同，許多歐盟會員國國會擁有更大的權力。歐盟在超國家層級對外事務處理能力仍顯不足，而 Big Three 仍是主導外交政策的關鍵，因此「國會外交」特應置重點於英國、法國與德國傳統歐洲強權國家。

[80] May-Britt U. Stumbaum, *The European Union and China, Decision-Making in EU Foreign and Security Policy toward the People's Republic of China, Nomos* (2009), p.184

　　1991 年成立之「歐洲議會台灣友好小組」，即隨後更名的「歐洲議會友台小組」是台灣在歐洲外交活動重要的次政團，小組之成員遍及各個國家及黨團聯盟。「歐洲議會友台小組」與歐洲國家國會「友台小組」還共同組成「馬可波羅俱樂部」（Macro Polo Club），作為歐盟超國家層級與成員國國家層級友我政治人物的連結平台。參與「馬可波羅俱樂部」的議員多為「友台小組」主席、副主席、外交委員會主席或資深國會議員，對各國「友台小組」的運作具有舉足輕重的影響力。2005 年 11 月第二次的「馬可波羅俱樂部」會議在瑞典斯德哥爾摩舉行，與會者來自歐洲 23 個國家 30 名議員，會後聲明呼籲歐盟應維持對中禁運，強烈支持歐洲議會於 2003 年 12 月 18 日、2004 年 2 月 10 日、2005 年 7 月 7 日所通過的決議[81]。

　　囿於許多歐洲國家緊抱「一個中國」政策，中華民國台灣在正常外交管道往往受到諸多限制，「國會外交」顯得格外重要。

三、運用歐盟決策設計的限制

　　歐盟的「一致表決制」在決策效率上或許形成缺陷，但對於歐盟以外的行為者而言，卻是可善加運用以達到所望目標的途徑。中華民國台灣能投注在歐洲地區的外交資源有限，若能集中掌握 1 至 2 個友我成員國，如遊說著重人權的北歐國家，或對共產黨強烈反感的東歐國家，使其發揮「關鍵少數」的影響力，應可產生「小兵立大功」的效果。

四、尋求共同利益協請美日代言

　　在解除對中國武器禁運議題上，中華民國台灣與美國、日本存在共同的利益。台灣與歐盟以及大多數歐盟成員國，均未建立正式外交關係，惟美、日卻是歐盟認定的盟國，密切程度只會比徒具「全面戰

---

[81] *Statement of Conclusion of The 2nd Marco Polo Club Conference on Taiwan and the European Union*, 外交部 (16 Nov 2005)

略夥伴關係」稱號的中國有過之而無不及。透過美、日兩國代為傳達台灣立場應是可行之道。

　　此外，亦有必要隨時提醒歐盟，中華民國台灣的安全、安定亦攸關歐盟廣泛的利益。歐盟與中國發展關係，不應以犧牲台灣利益或損及台歐關係為代價。

五、注意台海情勢和緩的負面效應

　　2008 年政黨輪替之後，台灣在馬英九總統領導下，兩岸政策大幅調整，使原來延續冷戰格局而呈現緊張的台海情勢趨於和緩，爆發衝突的可能性降低。

　　惟和緩的台海情勢卻也有可能產生誤導國際社會的負面效應，錯認台灣面臨的安全威脅已因與中國頻繁交流而改變、減輕甚至消失。

　　兩岸的軍力平衡已然傾斜，台灣與中國國力差距懸殊，中國享有壓倒性的軍事優勢。台灣應妥善運用所處重要的地理位置，進行有利於安全的戰略建構；對包括歐盟在內的國際社會，須彰顯台海和平不僅關係著中華民國永續生存與長遠發展，也攸關亞太區域及全球的安全與穩定；提請注意海峽情勢的和緩，並不意味台灣安全已獲得充分保障。

參考文獻

一、官方資料

1. 行政院大陸委員會，2003，2004。《大陸情勢》。台北。
2. 中華民國僑務委員會，2009。《海外台灣僑民人數》。台北。
3. 中華人民共和國外交部，2003。《中國對歐盟政策文件》。北京。
4. 中華人民共和國外交部，2010。《中國同歐盟的關係》。北京。
5. Congressional Research Service
6. Council of the European Union, 2003. A Secure Europe in a Better World: European Security Strategy. Brussels.
7. European Economic and Trade Office http://eeas.europa.eu/delegations/taiwan/index_en.htm
8. 中華民國 100 年國防報告書──漫畫版

二、中文期刊／書籍

1. 淡江大學歐盟文獻中心通訊
2. 歐洲國際評論
3. 國際問題研究
4. 現代國際關係
5. 新世紀智庫論壇
6. 瞭望新聞週刊
7. 國際觀察
8. 海峽評論
9. 世界知識
10. 林中斌，2004。《以智取勝─國防兩岸事務》。國防部史政編譯室。
11. 吳志成，2007。《歐洲研究前沿報告》。華東師範大學出版社。
12. 高華，2006。《2006 年：全球政治與安全報告》。
13. 熊光楷，2006。《國際形勢與安全戰略》。清華大學出版社。

三、英文期刊

1. Arms Control Today
2. Air Power
3. China Quarterly
4. EU-China Observer
5. Far Eastern Economic Review
6. Flight International
7. Jane's Defence Industry
8. JDW, Jane's Defence Weekly
9. NATO's Nations and Partners for Peace
10.Washington Observer

四、英文書籍

1. d'Hooghe, I. (2010). The Limits of China's Soft Power in Europe, Netherlands Institute of International Relations Clingendael.
2. E. S. David L. Shambaugh, Hong Zhou (2008), China-Europe relations: perceptions, policies and prospects
3. G. S. Jurgen Ruland, Gunter Schucher, Cornelia Storz (2008) Asian-European Relations: Building Blocks for Global Governance.
4. Hellstrom, J. (2010). The EU Arms Embargo on China: a Swedish Perspective, Swedish Ministry of Defence.
5. John Fox, F. G. (2009). A Power Audit of EU-China Relations, European Council on Foreign Relations.
6. Mark Bromley, N. K. (2009). SIPRI Yearbook 2009: Armaments, Disarmament and International Security.
7. M. Zaborowski (2006), Facing China's rise: guidelines for an EU strategy
8. Paul Holtom, M. B. (2010). The limitations of European Union Reports on Arms Exports: The Case of Central Asia
9. Siemont Wezeman, M. B. (2005). SIPRI Yearbook 2005: Armaments, Disarmament and International Security.

10. Smith, C. H. a. M., Ed. (2005). <u>International Relations and the European Union</u>, Oxford University Press.

11. Stumbaum, M.-B. U. (2009). <u>The European Union and China: Decision-Making in EU Foreign and Security Policy toward the People's Republic of China</u>. Baden-Baden, Nomos.

五、網路資源

1. 中國評論新聞 http://www.chinareviewnews.com/
2. 中國時報 http://news.chinatimes.com/
3. 中央社 http://www.cna.com.tw/
4. 德國之聲 http://www.dw-world.de/
5. 大紀元 http://www.epochtimes.com/
6. 歐洲聯盟研究協會 http://www.eusa-taiwan.org/
7. 臺灣歐盟中心 http://www.eutw.org.tw/
8. 光明日報 http://www.guangming.com.my/
9. 環球時報 http://www.huanqiu.com/
10. 自由時報 http://www.libertytimes.com.tw/
11. 蘋果日報 http://tw.nextmedia.com/
12. 解放軍報 http://www.pladaily.com.cn/
13. 新浪網 http://www.sina.com/
14. 香港文匯報 http://wenweipo.com/
15. 歐洲日報
16. BBCNewshttp://www.bbc.co.uk/news/
17. CarnegieEndowmenthttp://carnegieendowment.org/
18. ChinaDailyhttp://www.chinadaily.com.cn/
19. TheChinaPosthttp://www.chinapost.com.tw/
20. DefenseNewshttp://www.defensenews.com/
21. EUObserverhttp://euobserver.com/
22. FinancieeleDagbladhttp://fd.nl/
23. TheHeritageFoundationhttp://www.heritage.org/
24. TheInternationalHeraldTribunehttp://www.ihtinfo.com/index.php
25. TheIndependenthttp://www.independent.co.uk
26. TheMaltaIndependentOnlinehttp://www.independent.com.mt/

27.TheNewYorkTimeshttp://global.nytimes.com/

28.RadioNederlandWereldomroephttp://www.rnw.nl/

29.SpaceDailyhttp://www.spacedaily.com/

30.SpiegelOnlinehttp://www.spiegel.de/

31.TheTelegraphhttp://www.telegraph.co.uk/

32.VoiceofAmericahttp://www.voanews.com/

33.WallStreetJournalhttp://online.wsj.com/

附錄一 與歐盟成員國政府官員會談紀要

會談日期：10 Feb 2005, 22 Mar 2005, 26 Apr 2005, 17 Jun 2005, 2 Sep 2005,
11 Oct 2005, 28 Mar 2006, 31 Aug 2006, 29 Nov 2006, 8 Dec 2006,
17 Apr 2007, 16 Jan 2008
會談對象：軍備控制司主管、資深研究員、外交部官員
會談地點：N.A.[1]

（10 Feb 2005）

作者（以下簡稱 T）：請教《歐盟武器輸出行為準則》近期研議情形？

主管（以下簡稱 M）：2 月 8 日歐盟國家舉行《歐盟武器輸出行為準則》
研修會議但未有結論，訂於三月份（3 月 15 日）再行討論。另英國
傾向於盧森堡擔任歐盟輪值主席期間，通過解除對中國武器禁運。
但美國總統訪問歐盟期間，解禁議題應不會有重大變化。

（22 Mar 2005）

T： 歐盟對中國解除武器禁運的最新進展？

M：三、四個星期以前，有非常強烈的訊息顯示：歐盟將會在六月底前
解除對中國的武器禁運。但現在情況有些變化。主要的原因有二，
一是美國嚴重關切，即使歐盟特別派遣一組訪問團至美國，亦不能
說服美國政府與國會；二是中國對台灣制定的《反分裂國家法》，
使歐盟各國很難相信中國不會對台灣使用武力，而重新考慮目前是
否為解除對中國武器禁運的適當時機。另外，英國將會在下半年輪

---

[1] 作者與歐盟成員國執行武器禁運／出口管制之政府官員多次會談，應受訪者
要求不提供姓名及談話地點。12 次會談中部分由作者親自參加，其餘為工作
夥伴紀錄，均僅節錄與對中武器禁運相關談話內容。

值歐盟主席，原先英國希望在上半年就能解決此一議題，而不須在下半年承接此一燙手山芋。現在英國政府也改變態度，不認為歐盟應該在此時解除對中國的武器禁運，可能會延至 2006 年再解除。

T：行為準則修訂進度？

M：行為準則尚未完成審查，四月上旬將會有所研討。

T：若對中國武器禁運解除，歐盟如何保證：在武器的品質及數量，不會有顯著的提升？

M：歐盟在制定行為準則時已有充分考量，我們設計一套「工具箱」（toolbox）。所謂的「工具箱」，是一種武器外銷行為的透明化與諮商作為。對任何國家的軍品輸出都會經過嚴格的審查與訊息交換。我們解除對中國的武器禁運，但不會增加對中國的武器輸出。

（26 Apr 2005）

T：請教歐盟對中國解除武器禁運的可能時機？

M：我必須再次重申，對中國解除武器禁運並不代表歐盟國家會增加對中國的武器輸出。我國政府一直在注意解除對中國武器禁運的適當時機，會考量中國對人權的改善狀況，以及解禁後對於區域內國家將帶來何種戰略衝擊。中國公布的《反分裂國家法》中提到將以非和平手段處理兩岸事務，加上近期與日本之間的爭議，我個人認為不易說服各國解除對中國的武器禁運。因此，解禁時機尚難預判。英國將輪值擔任歐盟下半年的主席，英國大選結果對於此一議題也會有所影響。

T：中國加入歐盟「伽利略計畫」與武器禁運是否有關聯？

M：中國參與歐盟「伽利略計畫」，僅限於民用與商用的部份。歐盟認為，中國參與的部份，都是中國現在已經擁有的衛星與太空科技能力，並無特別的軟體或硬體須列入限制項目。該計畫因為需要巨額的財力，所以開放給其他國家參與。現在除中國之外，印度、加拿大、烏克蘭均表示有意願參加。現今科技十分難以界定所謂的商業

或軍事用途，但基本上歐盟對此十分謹慎，只讓中國參加民用與商業用途部分。

（17 Jun 2005）

T：　請教歐盟解除對中國武器禁運最新進展？

M：　目前尚無實質進展。法國在此議題上是最積極推動的國家，但在法國人民公投反對《歐盟憲法條約》後，法國對此議題在歐盟的影響力似乎有所弱化。可以預見在盧森堡任輪值歐盟主席期間，解禁案已無望通過；英國下半年輪值主席也不會積極推動，許多反對國家會採取各種作為來遲滯解禁的最後決定。歐盟內部現今正為後續年度的預算，與「歐盟憲法」的未來爭論不休，對中國解除武器禁運似乎已經不是討論的焦點。

T：　《歐盟武器輸出行為準則》修訂進度狀況？

M：　各國雖然對於《歐盟武器輸出行為準則》本文的用詞遣字已有共識，但目前仍處於各成員國間政治承諾的位階，尚未具有法律上的約束，短時間內也不易獲致上述效力。

（2 Sep 2005）

T：　請教解禁案最近發展及《歐盟武器輸出行為準則》修訂進度？

M：　近期歐盟未再討論武器禁運議題，此議題待決狀況無任何改變；研判 2005 年應不會解除，2006 年則有較大的可能。《歐盟武器輸出行為準則》版本已經完成，等待歐洲議會批准。會議時間未定，若有訊息再行告知。

（11 Oct 2005）

T：　請教歐盟對中國解除武器禁運議題現況？

M：　歐盟未再討論此議題。在英國擔任輪值主席國期間，英國無意主動碰觸解禁議題。今年（2005）通過的可能性較低，但年底可能會再

被提出。由於歐盟與中國雙邊對話機制運作良好，未來武器禁運解除的可能性極高。但我國會對中國人權的改善狀況、區域情勢的穩定、是否會對盟國產生不利的影響等方面作綜合考量。即使未來歐盟解除對中國的武器禁運，我國仍會遵從並促使盟國信守對中國武器輸出質與量均不增加的承諾。

（28 Mar 2006）

T： 歐盟解除對中國武器禁運議題現況？

M： 近期暫無變化。中國現在應該將內部穩定列為最重要事務，在中國內部抗議與示威事件次數已在增加。

（31 Aug 2006）

T： 解禁案是否有最新發展？

M： 近期歐盟仍未討論此議題，故無變化。歐盟遲早會對中國解除武器禁運，現在只是「時間」問題。歐盟也持續評估中國人權狀況，迄今似未見任何改善。德國新總理上任後，對中國而言解除軍售禁令的難度增高。即使對中國解除武器禁運，歐盟也會遵照 2004 年的決議：「對中國武器輸出，無論在質或量上均不得增加」。歐盟肯定中國的崛起，但對一個全球事務的參與者而言，中國整體表現是不符期望的，不是個負責任的大國。

T： 若歐盟其他國家都同意解除對中國武器禁運，貴國是否會因人權尚未改善、區域穩定受影響而堅持反對？

M： 我國政府業已考量過上述狀況，為避免獨自承受所有壓力，參與歐盟會議之我國與會代表已獲授權：可與多數國家採取一致決議。

（29 Nov 2006）

T：《歐盟武器輸出行為準則》修訂現況？

M：在歐盟沉寂已久的《歐盟武器輸出行為準則》施行議題，已納入預於 12 月 7 日所舉行的理事會議程，連帶的也會將再討論是否解除「對中武器禁運」。雖然各國的態度並無重大改變，但此議題已確定納入議程。若各會員國對《歐盟武器輸出行為準則》無重大分歧，可能於此次會議通過後正式施行。

（8 Dec 2006）

T：歐盟理事會對解除中國武器禁運與《歐盟武器輸出行為準則》討論結果？

M：此次會議一如預期將《歐盟武器輸出行為準則》施行與「解除對中國武器禁運」議題包裹討論。在歐盟採「共識決」的情況下，又再因未獲全員無異議通過而未作處置；結果導致《歐盟武器輸出行為準則》也無法正式頒行，看來短時間內無法解決此種困境。

（17 Apr 2007）

T：「歐盟對中武器禁運」解禁案發展？

M：是否解除「對中國武器禁運」議題在歐盟已沉寂一段時間，現在尚無任何變化。由於中國在全球事務的影響力日增，許多事物都需要中國的參與，歐盟對中國武器禁運在實質上已妨礙雙邊關係進展。2005 年若非中國在歐盟決議解除前通過對台灣的《反分裂國家法》，可能當時便已解除。歐盟國家遲早會解除對中國武器禁運，等待的祇是適當的時機。歐盟國家觀察到對中國採取武器禁運並不能迫使中國改善人權；實際上，中國在尊重人權上並無明顯改善。對此，歐盟國家十分失望，也逐漸瞭解到應該增加或改以其他方式。

T：法國二位總統候選人近期均表示，由於中國對於人權改善無顯著進展，三者均無意解除武器禁運，您的觀點？

M：雖然三位候選人都表示無意解除對中國武器禁運，但重要的是當選人執政後的實際作為。法國在歐盟國家中長期也最積極呼籲取消對

中武器禁運，對於《歐盟武器輸出行為準則》修訂與付諸法制化的配合度最低。實際上，法國是唯一拖延《歐盟武器輸出行為準則》法制化的國家。法國新的總統產生後，歐盟應該會重啟會議檢視《歐盟武器輸出行為準則》，屆時法國是否會再將《歐盟武器輸出行為準則》與「解除對中國武器禁運」掛勾，尚須觀察。

（16 Jan 2008）

T：您認為「歐盟對中武器禁運」目前（2008 年）狀態如何？前景又如何？

M：現階段「歐盟對中武器禁運」是否解禁議題處於「冷凍」（freezing）狀態，我們希望能長久保持這一狀態。

附錄二　與智庫學者會談紀要

會談日期：8 Sep 2009
會談對象：Dr. Frans Paul van der Putten
會談地點：Netherlands Institute of International Relations Clingendael

作者（以下簡稱 T）：2004 年至 2005 年間的對中武器禁運解禁爭議，似乎反應出歐盟在處理外交及安全事務上能力不足？

學者（以下簡稱 P）：是的，歐盟執委會（European Commission）功能近年來日漸弱化，主要角色多由歐盟理事會（the Council）扮演。在外交以及安全事務上，各成員國政府也不願意讓渡或釋出權力。

T：在解除對中武器禁運上，如果人權、貿易及美國三者為影響歐盟決策之主要因素，試請教三者的優先次序？何者最大？

P：據本人觀察，會認為：美國的因素影響最大、其次是經貿、最後才談到人權。

T：2004 年與 2005 年是歐盟最有可能解除對中武器禁運的一段時間，請問荷蘭當時對此議題持贊成或反對的態度？理由為何？

P：荷蘭也傾向於解除對中武禁，主要也是商業貿易的考量，中國是一個不容忽視龐大的市場。

T：英國與荷蘭向來是美國視為在歐洲堅強的盟友，我注意到 2004 年下半年以及 2005 年下半年，恰巧分別由荷蘭及英國擔任歐盟輪值主席國，是否存在這樣的可能，荷蘭與英國都不希望在輪值主席期間所召開的中歐峰會通過解禁決議，避免得罪美國？

P：這樣的觀察以及推論非常合理，確實有此可能。

T：2004 年至 2005 年間應是歐盟對中武禁解禁決議的關鍵時期，歐盟成員國中各別立場為何？似乎看不到有堅決反對解除的國家？

P：　主張解禁最力的是法國及德國，歐盟中也確實並沒有堅決反對解禁
　　　的國家。北歐國家比較看重人權，東歐的新成員國則比較親美，但
　　　在那段時間若德、法兩國強力支持及遊說，解禁還是很有可能通過，
　　　特別因為發動伊拉克戰爭的緣故，歐盟國家與美國當時關係並不是
　　　很好。

T：　中國 2005 年通過的《反分裂國家法》是否在「解禁」上扮演重要角
　　　色？《歐盟武器輸出行為準則》修訂進度如何？

P：　確實如此，《反分裂國家法》公佈後，歐盟隨即決定將「解禁」案
　　　擺到一邊，不急於碰觸，因此《反分裂國家法》的通過確實是關鍵，
　　　造成了深遠的影響。既然歐盟國家不急於處理武禁議題，據我所知，
　　　《歐盟武器輸出行為準則》的修訂也不會是優先處理事項[1]。

T：　從 2004 年開始，每年的中歐峰會結束後的聯合聲明中，都帶有中國
　　　對解禁的呼籲及歐盟的回應，令我訝異的是，今（2009）年布拉
　　　格峰會後的聯合新聞稿中卻略去解禁的文字，是不是中國已不再看
　　　重歐盟是否解禁？或者這個議題已不屬於雙邊互動中須優先處理
　　　事項？

P：　不應排除在現行武禁措施下，中國還是能藉由如軍民兩用的技術轉
　　　移獲得他們想要得到的東西，像是中國也加入歐洲的「伽利略」全
　　　球衛星定位計畫。事實上中國在太空探索某些領域甚至已超越歐
　　　洲，這是否正意味著中國已取得關鍵技術？另外或許中國已經認知
　　　到：需要所有會員國同意才有望解除武禁，而目前美歐關係又有所
　　　改善，這些因素都讓現階段要談解禁變得更形困難。你又是如何看
　　　待年初峰會聯合文件中沒有再列「解禁」的意涵？

T：　由於去（2008）年中國「懲罰」法國而沒有依往例召開雙邊峰會，
　　　年初的峰會事實上已有不同的政治意義，有報導指出今年底還會再
　　　舉辦一屆中歐峰會，恐怕還需要再觀察今（2009）年底峰會是否還
　　　是屏除「解禁」議題在外，才能比較肯定該案已死。

---

[1]　作者註：「行為準則」雖已不再修訂，但 2008 年 12 月通過一項具法律效力
　　的「共同立場」文件：《界定管理軍事技術與裝備出口管制的規定》。

T： 對中武禁解禁議題似乎已沈寂許久，但今年 7 月英國商業大臣曼德爾森（Peter Mandelson）在國會上又重新提出說：應停止全面對中武禁，改以其他方式代替，請問您對這個事件的看法？

P： 我相信他的這些話不會對美國人說，既然是商業大臣，又是在國會中講話，不排除背後有一些利益團體的遊說，這些團體期盼能自解除對中武禁獲利。

T： 對中武禁的解除與台灣安全息息相關，台灣在反對歐盟解禁上也採取了許多措施，包括外長投書於英國報刊提出警告等。不知道您在歐洲是否注意到台灣對「解禁」的反應？對台灣在類似議題上的處理有否建議？

P： 我並沒有注意到台灣的聲音，但歐洲議會卻非常關心台海情勢，在解除對中武器禁運上持反對立場。

T： 但很可惜歐洲議會在歐盟的外交與安全事務上並沒有任何實權。

P： 歐洲議會或許不成，但歐盟成員國各國的國會卻有能力制衡以及影響政府的決策，本人很清楚美國國會議員在兩岸關係上的施壓就讓美國政府傷透腦筋。

附錄三　歐盟對中武器禁運大事紀

事件總數：229
統計時間：1989.6.4-2010.10.6

編號	日期			紀事要點
1	4	Jun	1989	北京武力鎮壓天安門民運。
2	5	Jun		美國布希總統暫停美國與中國軍事交流及對中軍售[1]。
3	5-6	Jun		歐洲共同體發表聲明，對中國在天安門廣場採取的血腥鎮壓表示震驚與遺憾，同時單方面宣布終止雙方聯合委員會與部長級會晤。
4	27	Jun		歐洲共同體 12 個成員國在馬德里高峰會發表聲明，強烈譴責中共殘暴鎮壓，並採取「中斷成員國與中國間的軍事合作、軍備交易」[2]等一連串制裁行動。
5	14	Sep		歐洲議會通過「關於中國局勢」決議，譴責中國武力鎮壓天安門民主運動。
6		Feb	1990	美國國會通過對中國武器禁運的外交授權法案[3]。
7	28	Sep		中國外長錢其琛出席聯合國大會期間，與歐體「三駕馬車」輪值主席國外長磋商，恢復中斷之高層接觸。
8		Oct		理事會及歐洲議會決定逐步恢復與中國雙邊關係[4]。
9	22	Oct		歐洲共同體 12 國外長會議作出決定，取消共同體在 1989 年 6 月以後對中國採取的制裁措施，恢復同中國

[1] Kristin Archick, Richard F. Grimmett, and Shirley Kan, "European Union's Arms Embargo on China: Implications and Options for U.S. Policy", *Congressional Research Service* (27 May 2005),　p. CRS-4

[2] 聲明原文："interruption by the Member States of the Community of military cooperation and an embargo on trade in arms with China"

[3] Kristin Archick, Richard F. Grimmett, and Shirley Kan, "European Union's Arms Embargo on China: Implications and Options for U.S. Policy", *Congressional Research Service* (27 May 2005),　p. CRS-4

[4] "EU-China Relations: Chronology", *European Commission,* http://eeas.europa.eu/china/docs/chronology_2010_en.pdf (30 Apr 2011)

				在政治、經濟和文化領域的正常關係，但仍維持對中國軍售禁令[5]。
10			1992	歐洲共同體與中國大體上已恢復正常關係，武器禁運仍持續。
11		Jun		建立新的雙邊政治對話。
12		Oct	1993	歐洲共同體委員會駐香港辦事處開幕。
13	13	Jul	1994	歐盟發表《邁向新亞洲策略》政策文件。
14	16-22	Sep		中國通知歐盟三駕馬車，願在相互尊重平等的基礎上就人權進行對話。
15	25-26	Jan	1995	歐盟與中國首次人權對話工作磋商在布魯塞爾舉行。
16	5	Jul		歐盟制定《歐中關係長期政策》對中國政策文件。
17	15	Jul		開始特定人權議題對話。
18	22-25	Jan	1996	歐盟輪值主席國義大利外交部長率領代表團至北京舉行中歐第二次人權對話。
19	1-2	Mar		第一屆亞歐會議（ASEM）曼谷舉行，中國、歐盟參加。
20		Mar	1997	聯合國人權委員會第 53 屆會議上，由於法、德、義、西、希五國決定不參與涉及中國人權問題的提案，歐盟未能以整體名義提出譴責中國人權之議案。
21	17	Dec		歐洲委員會提出建議，鑑中國在市場經濟改革方面已取得重大進展，要求歐盟不再將中國列入「非市場經濟名單」，並修改對中國的反傾銷政策。
22		Jan	1998	歐盟倡議在舉行第二屆亞歐會議期間舉行中歐領導人首次會晤，進而建立中歐領導人定期會晤機制。
23	23	Feb		歐盟部長理事會正式決議，不論是歐盟整體或是各成員國，均不在聯合國人權委員會第 54 屆會議上，提出或連署涉及中國人權之提案[6]。
24	25	Mar		歐盟制定《建構與中國全面性伙伴》對中國政策文件。

---

[5]　張金翠，「歐盟解除對華軍售禁令為何難產？」，《和平與發展季刊》第 3 期。

[6]　王莉，「中國與歐盟關係大事記」，中國網（29 Apr 2004），http://big5.china.com.cn/chinese/zhuanti/wjbfo/555953.htm (8 May 2011)

25		Mar	1998	歐盟不再將中國列入「非市場經濟名單」建議得到歐盟外長理事會的批准[7]。
26	2	Apr		第一屆中歐峰會於倫敦召開。
27	27	Apr		歐盟盧森堡外長會議通過執委會提出，決議將中國和俄羅斯從反傾銷的「非市場經濟」國家名單剔除。
28	8	Jun		歐盟制定《歐盟武器輸出行為準則》。
29	22	Dec		簽署《中歐科技合作協定》。
30	8	May	1999	北約部隊轟炸中國駐南斯拉夫大使館。
31	12	May		德國總理施若德因中國駐南斯拉夫大使館遭北約轟炸一事訪問中國。
32	18	May		德國總理施若德和法國總統席拉克發表聯合聲明，表示堅決支持中國加入 WTO。
33	21	Dec		第二屆中歐峰會於北京召開。
34	19	May	2000	於北京簽署中國加入 WTO 雙邊協定。
35	13	Jun		歐盟公布「共同軍事清單」。
36	11	Jul		朱鎔基總理首次訪問布魯塞爾歐盟執委會。
37	23	Oct		第三屆中歐峰會於北京召開。
38	15	May	2001	歐盟發表《歐盟對中國策略：1998 公報執行情形與歐盟政策進一步加強措施》。
39	5	Sep		第四屆中歐峰會於布魯塞爾召開。
40	7	Oct		美英聯軍進入阿富汗境內，當天晚上空襲，進行推翻塔利班政權作戰。
41	25-26	Oct		人權對話北京舉行。
42	10	Nov	2001	中國獲准加入世界貿易組織（WTO）。
43	13	Nov		配合聯合國大會，於紐約舉行部長級會議。
44	30	Nov		政治主管會議，北京舉行。
45	8	Dec		人權研討會，布魯塞爾舉行。
46	11	Dec		中國成為 WTO 第 143 個成員國。
47			2002	法國於年度「行為準則」檢討時，與德國、英國及義大利討論對中武禁解除案[8]。

---

[7]　Ibid.

48	30-31	Jan	2002	中歐聯合委員會（EC-China Joint Committee）會議，布魯塞爾舉行。
49	1	Mar		公布中國國家戰略文件 2002-2006
50	5-6	Mar		人權對話，馬德里舉行。
51	16	May		中國協商加入「伽利略計畫」
52		Jun		協商強化中歐政治對話
53	24	Sep		第五屆中歐峰會於哥本哈根召開。
54	13-15	Nov		人權對話，北京舉行。
55	6	Dec		簽署《中歐海運協定》。
56			2003	法、德、英三國小型高峰會夏季在柏林舉行，討論武禁解除案進行討論[9]。
57	14	Feb		中歐部長級會議北京舉行
58	5-6	Mar		人權對話，雅典舉行。
59	10	Mar		歐盟在台設立辦事處：「歐洲經貿辦事處」
60	20	Mar		美國和英國軍隊為主的聯合部隊，正式宣布對伊拉克開戰。
61		Jun		法國總統席拉克首先公開表示歐盟禁止對中國出口武器達 14 年，這項政策已經不合時宜。
62	3	Jun		中國正式要求歐盟給予「市場經濟地位」。
63	30	Jun		部長級會議，雅典舉行。
64	10	Sep		歐盟發表第五份對中國政策文件《一個成熟中的夥伴關係：歐盟－中國關係中利益與挑戰的分享》，決定把歐盟與中國的關係從「全面伙伴關係」提升為「全面戰略伙伴關係」[10]。
65	13	Oct		中國政府發表《中國對歐盟政策文件》，在軍事方面，呼籲「歐盟應早日解除對華軍售禁令，為拓寬中歐軍工軍技合作掃清障礙。[11]」

---

[8]　May-Britt U. Stumbaum, "The European Union and China, Decision-Making in EU Foreign and Security Policy toward the People's Republic of China", *Nomos* (2009), p.177

[9]　Ibid., p.177

[10]　環球時報，「美國刻意阻撓歐盟解除對華軍售禁令面臨阻力」，*環球時報* (18 Feb 2004), http://people.com.cn/BIG5/junshi/2349749.html (31 Aug 2009)

[11]　《中國對歐盟政策文件》，*中華人民共和國外交部*（13 Oct 2003）。

66	30	Oct	2003	第六屆中歐峰會於北京召開，胡錦濤和溫家寶向歐盟提出解除對中武器禁運的要求[12]。與會歐方代表稱將納入考慮。
67	26-27	Nov		人權對話，北京舉行。
68	4	Dec		中國外交部發言人劉建超在記者會上說：「歐盟對華軍售禁令是冷戰的產物，與當前中、歐全面伙伴關係很不相稱，希望歐方儘早解決這一問題，為雙邊關係的全面發展掃清障礙。[13]」
69	16	Dec		德國總理施若德在北京訪問時向溫家寶總理表示，歐盟解除對中國武器禁運的時機已經到了，他將促使這項政策得以實現。
70	12-13	Dec		歐盟高峰會在義大利舉行，歐盟 15 個會員國以 14：1（法國）拒絕解除對中國實施的武器禁運政策。但是歐盟各國同意於 2004 年 4 月再度討論重新審議對中武器禁運[14]。
71		Dec		德國呼應法國主張，表示原則同意結束對中武器禁運。
72	18	Dec		歐洲議會在一份決議中指責中國侵犯人權，鑒於台海緊張關係，明確表達維持對中武器禁運。
73	26	Jan	2004	歐盟外長在布魯塞爾舉行外長會議。其中一項議程是討論解除對中國軍售禁令問題。歐盟委員會負責外交事務的委員彭定康和歐盟負責共同外交和安全政策的高級代表索拉納（Javier Solana）在外長會議結束後舉行的新聞發布會上都表示，自 1989 年歐盟實施對華軍售禁令以來，中國的形勢已經發生了巨大的變化，現在是重新考慮歐盟對華軍售政策的時候了[15]。
74		Jan		2004 年元月下旬，法國外長 Dominique de Villepin 主張，禁運應於 3 月解除，認為中國是歐盟的「特權夥伴」（privileged partner），不應以「過時」的舊案干擾中國對外經貿。

---

[12] 張金翠，「歐盟解除對華軍售禁令為何難產？」，《和平與發展季刊》第 3 期
[13] 「中國促請歐盟解除軍售禁令」，*BBC News,* (4 Dec 2003), http://news.bbc.co.uk/chinese/trad/hi/newsid_3290000/newsid_3291100/3291147.stm (15 Dec 2008)
[14] 經濟參考報，「歐盟恢復對華軍售有望水到渠成」，*經濟參考報*（7 Jun 2004），http://www.price-world.com.cn/show.php?sn=TMP-2004-06-07-1772 (1 Sep 2009)
[15] Ibid.

75	26	Jan	2004	歐盟理事會召開會議，決定指派 2 名理事檢討解除對中武禁事宜[16]。
76	26-29	Jan		胡錦濤至法國國事訪問。法國官員表示：當檢視同樣也遭到歐盟實施武禁的其他國家（緬甸、蘇丹、辛巴威），中國是否也該與這些國家相提並論大有疑問[17]。
77	27	Jan		法國總統席拉克對胡錦濤說對中武禁已不具意義希望在幾個月內取消[18]。
78	28	Jan		美國國務院發言人表示美國已就解禁案與歐盟國家高層交換意見[19]。
79	30	Jan		荷蘭政府表示，只要共識形成，荷蘭也傾向取消武禁[20]。
80	31	Jan		華盛頓郵報：美國政府已採取一連串作為，向歐盟國家政府正式表達反對解除武禁立場[21]。
81		Jan		2004 年 1 月下旬，歐盟外長會議中對取消對華軍售舉行磋商，雖然對外並未發布訊息，但決議暫不解除。據法國外交部的意見，不論歐盟的新舊會員國，都無任何國家真正反對此事，這只是時間的問題，目前還有一些技術上的問題待解決。

[16] Xinhua News Agency, "US Pressing EU to Uphold Arms Embargo Against China", *Xinhua News Agency* (1 Feb 2004), http://beijing2008.german.china.org.cn/english/2004/Feb/85908.htm (30 Aug 2009)

[17] Craig S. Smith, "France Makes Headway in Push To Permit Arms Sales to China", *The New York Times* (27 Jan 2004), http://www.nytimes.com/2004/01/27/world/france-makes-headway-in-push-to-permit-arms-sales-to-china.html (24 Aug 2009)

[18] Xinhua News Agency, "US Pressing EU to Uphold Arms Embargo Against China", *Xinhua News Agency* (1 Feb 2004), http://beijing2008.german.china.org.cn/english/2004/Feb/85908.htm (30 Aug 2009)

[19] Kristin Archick, Richard F. Grimmett, and Shirley Kan, "European Union's Arms Embargo on China: Implications and Options for U.S. Policy", *Congressional Research Service* (27 May 2005), p. CRS-8

[20] Xinhua News Agency, "US Pressing EU to Uphold Arms Embargo Against China", *Xinhua News Agency* (1 Feb 2004), http://beijing2008.german.china.org.cn/english/2004/Feb/85908.htm (30 Aug 2009)

[21] Ibid.

82	4	Feb	2004	歐盟主管對外軍事及外交代表索拉納接受日內瓦報社 Le Temps 訪問時說，幾天前我們進行過討論，我覺得歐盟（對解禁案）已經準備好了[22]。
83	26-27	Feb		人權對話，都柏林舉行。
84	26	Feb		政治主管會議，北京舉行。
85		Mar		2004 年 3 月中旬，正當台灣大選及反飛彈公投之際，歐盟主管對外軍事及外交代表索拉納前往北京與中國外長李肇星會談時，再度談起解禁之事。李肇星表示，武器禁運是陳年舊案，是冷戰餘孽，早該解除。
86	20	Mar		台灣總統大選，民進黨推出的總統候選人陳水扁以0.228%之差險勝連任。
87	24-26	Mar		歐盟峰會上沒有作出取消武器禁運的決定。
88	16	Apr		執委會主席普羅迪（Romano Prodi）訪問中國
89	26-27	Apr		歐盟外長會議於盧森堡舉行時，歐盟官員在會中指出，歐盟距離作出解除對中共武器禁運的決定「還有很長的路要走」。雖然沒有作出解除禁令的任何決定，但歐盟官員指出，解除對華軍售禁令不是「會不會」的問題，而是「何時」的問題[23]。
90	1	May		歐盟東擴，中、東歐等 10 國入盟，會員國成為 25 國。
91		May		美國眾議院通過 2005 會計年度國防授權法（National Defense Authorization Act for FY 2005）。出口特定軍用物資至中國的外國人將受到懲罰制裁[24]。
92	2	May		總理溫家寶出訪歐洲，此行訪問德國、比利時、義大利、英國、愛爾蘭及歐盟總部。目的在強化與歐盟全面戰略夥伴關係，期望歐洲在世界事務上發揮更大作用，以抗衡美國單極主導地位。溫試圖說服歐盟取消對中共的武器禁運並給予中共完全市場經濟地位，惟未獲具體成

---

[22] "Solana: EU Ready to Lift China Arms Embargo", *China Daily* (5 Feb 2004), (26 Aug 2009)

[23] 經濟參考報，「歐盟恢復對華軍售有望水到渠成」，*經濟參考報* (7 Jun 2004), http://www.price-world.com.cn/show.php?sn=TMP-2004-06-07-1772 (1 Sep 2009)

[24] Kristin Archick, Richard F. Grimmett, and Shirley Kan, "European Union's Arms Embargo on China: Implications and Options for U.S. Policy", *Congressional Research Service* (27 May 2005), p. CRS-3

				效。除獲得德國在聯合聲明中表示支持外，其他國家並未針對此議題明確表態[25]，歐盟主席普羅迪更向溫家寶表明歐盟不準備解除對中共武器禁運的立場[26]。
93	11	May	2004	美國國務卿鮑威爾（Colin Powell）與德國外相 Joschka Fischer 會面，表達美國並不贊同歐盟解除對中武器禁運[27]。
94		Jun		6 月初，英國首相布萊爾首次表示，計畫解除已經持續 15 年的對中軍售禁令。
95	24	Sep		人權對話，北京舉行。
96	8	Oct		部長級會議，河內舉行。
97		Oct		10 月下旬，德國國會通過決議反對解禁。
98	12	Nov		區域主管會議，北京舉行。
99		Dec		德國總理施若德訪問中國表示，儘管德國國內對解禁進行著激烈的討論，他本人主張解禁的立場沒有改變。
100	8	Dec		第七屆中歐峰會在荷蘭海牙舉行。
101	9	Dec		中國外交部發言人章啓月記者會就歐盟仍將維持對華軍售禁令時表示：歐方在聲明中表達了解除對華軍售禁令的政治意願，並表示將為解禁繼續努力。中方對此表示歡迎，希望歐方從中歐全面戰略夥伴關係的大局出發，儘早做出解禁決定。
102	11	Dec		臺灣立法委員選舉。最後選舉結果：泛藍陣營獲 114 席，佔總席次 225 席的 50.67%；泛綠陣營獲 101 席，佔總席次 44.89%；其他黨派獲 10 席，佔總席次 4.44%。
103	15	Dec		未具名的歐洲外交官表示，最終將解除武禁的趨勢已經形成，只是時間「尚未確定」[28]。

[25] *聯合報*，（12 May 2004），13 版。

[26] *美國之音*，（11 May 2004）。

[27] Gabrielle Kohlmeier, "EU Eyes Lifting China Arms Embargo", *"Arms Control Today" 34, 7*, (Sep 2004), p.42。

[28] Wade Boese, "EU Retains China Arms Embargo", Ibid.*35* (January/ February 2005), http://www.armscontrol.org/act/2005_01-02/EU_China, (1 Oct 2009)

104	16-17	Dec	2004	歐盟各國政府領導人於布魯塞爾召開會議,「再度確認歐盟繼續朝解除武禁努力的政治意願」,雖沒有明確日期,歐盟官員表示 2005 年春天即可望解除對中武禁[29]。
105	17	Dec		理事會表示將於數月內對解除武禁案作最後決定,但結果「不應造成歐盟會員國對中國軍備輸出在質、量上的增加」[30]。
106		Jan	2005	英國外長史卓在訪問北京時表示:儘管美國、日本反對,英國仍將協助取消武禁[31]。
107	17	Jan		中國前總理趙紫陽逝世。
108	25	Jan		美國國務院發言人說,中國人權狀況不但沒有改進且有退步現象(some negative development)[32]。
109	26	Jan		歐盟外交事務代表索拉納說,解禁係基於政治多於軍事的考量,並不表示將會增加對中國的軍售[33]。
110	29	Jan		中國只准許趙紫陽家屬舉行簡單告別式,鎮壓內部要求平反六四聲音[34]。
111	2	Feb		美國眾議院以「關心美國子弟的安全」為口號及 411 票對 3 票的壓倒性多數,通過一項譴責歐盟準備解除對中國武器禁售的決議案。
112	3-10	Feb		新任美國國務卿萊斯(Condoleezza Rice)訪問歐洲,於布魯塞爾表達反對歐盟解除對中武器禁運立場[35]。

---

[29] Kristin Archick, Richard F. Grimmett, and Shirley Kan, "European Union's Arms Embargo on China: Implications and Options for U.S. Policy", *Congressional Research Service* (27 May 2005), p. CRS-6

[30] Wade Boese, "EU Retains China Arms Embargo", *"Arms Control Today"* 35 (January /February 2005), http://www.armscontrol.org/act/2005_01-02/EU_China, (1 Oct 2009)

[31] May-Britt U. Stumbaum, "The European Union and China, Decision-Making in EU Foreign and Security Policy toward the People's Republic of China", *Nomos* (2009), p.179

[32] Kristin Archick, Richard F. Grimmett, and Shirley Kan, "European Union's Arms Embargo on China: Implications and Options for U.S. Policy", *Congressional Research Service* (27 May 2005), p. CRS-9

[33] Ibid. p. CRS-19

[34] Ibid. pp. CRS-9,10

[35] Ibid. p. CRS-10

113	20	Feb	2005	布希總統啓程赴歐，展開 5 日訪問，警告歐洲軍售中國將改變台海平衡[36]。
114	22	Feb		布希進行訪歐之旅時，公開在布魯塞爾表示，如果歐盟解除對中國之武器禁運，則將助長中國之軍事科技現代化，並將破壞台灣海峽的軍事平衡。
115	24-25	Feb		人權對話，盧森堡舉行。
116	28	Feb		美國國務院發表 2004 年人權報告，中國人權記錄不佳（remained poor）[37]。
117	14-19	Mar		3 月中旬，歐盟特使團訪問美國企圖說服美國政府及國會，現有歐盟有關加強武器管制的計畫足以限制軍售中國，但並未奏效。
118	14	Mar		中國通過《反分裂國家法》。
119	15	Mar		美國國務卿萊斯啓程前往印度、巴基斯坦、阿富汗、日本、南韓及中國。行程中說：「防衛太平洋的是美國，不是歐洲。歐盟不應作出以歐洲技術增強中共軍力等不利於區域情勢的決定。[38]」
120	16	Mar		美國參議院外交委員會聽證會中，主席 Richard Lugar 警告若歐洲對中國與軍事有關之出口明顯增加，美國將「重新檢討關鍵軍事科技輸出至歐洲」。
121	17	Mar		中國外長李肇星在比利時表示，中國的「反分裂國家法」與歐盟解除禁運的問題「毫不相干」。[39]
122	22	Mar		參與六四民運之領導人、死難者家屬致信歐盟理事會秘書長及執委會主席：「中國人權狀況自六四以來並無根本改變」，「不考慮人權即解除制裁將是對中國人民發出錯誤訊號。[40]」

---

[36]　Ibid. p. CRS-10

[37]　Ibid. p. CRS-9

[38]　Ibid. p. CRS-10

[39]　申華，「李肇星：反分裂法與歐盟解禁無關」，*美國之音中文網* (17 Mar 2005), http://www.voanews.com/chinese/archive/2005-03/w2005-03-17-voa72.cfm (9 Sep 2009)

[40]　Kristin Archick, Richard F. Grimmett, and Shirley Kan, "European Union's Arms Embargo on China: Implications and Options for U.S. Policy", *Congressional Research Service* (27 May 2005), p. CRS-10

123	22	Mar	2005	中國外交部發言人劉建超就《反分裂國家法》令歐盟可能延遲解除對華軍售禁令時表示：中方推動歐盟解除對華軍售禁令的問題與中國通過《反分裂國家法》沒有聯繫，把這兩件事情聯繫起來是沒有道理的。推動歐盟解除對中軍售禁令著眼於消除歐盟對中國的政治歧視。《反分裂國家法》是一部和平的法律，維護國家主權和領土完整的法律，是正確的決定。
124	23	Mar		歐盟共同外交與安全政策高級代表索拉納在歐盟春季高峰會後記者會說：歐盟繼續努力解除對中國武器禁運，但何時決定目前言之過早。
125	24	Mar		中國外交部發言人劉建超針對歐盟與美國在解除對華軍售禁令問題上存在爭議，表示：個別國家製造藉口阻撓歐盟對華解禁是沒有道理的，也是中方堅決反對的。我們希望這些國家停止類似做法。解禁不針對第三國，不應該損害中美關係。
126	27	Mar		訪問日本的法國總統席拉克與日本首相小泉純一郎會談，小泉純一郎對歐盟解除對中武禁表示「強烈反對」[41]。
127	13-14	Apr		歐洲議會在斯特拉斯堡召開全體大會通過決議：反對解除對中武器禁運。
128	14	Apr		德國的外長費舍更在表示，在沒有見到北京採取具體行動來緩和兩岸關係以及改善人權之前，不會取消對中國的武器制裁[42]。
129	14	Apr		美國國務次卿伯恩斯在出席眾議院的聽證會時，對反分裂法提出前所未有的強烈抨擊，伯恩斯清楚表示：「我們一有機會就向歐洲各國政府傳達強烈而一貫的訊息，就是取消禁運是直接挑戰美國的重大利益」[43]。

[41] 張金翠，「歐盟解除對華軍售禁令再探討」，《蘭州學刊》第 7 期總第 166 期，(July 2007)，p.53。

[42] 羅致政，「美國、中國與歐盟關係的近期互動」，財團法人亞太和平研究基金會(17 May 2005)，http://www.peaceforum.org.tw/onweb.jsp?webno=3333333305&webitem_no=1280 (9 Sep 2009)

[43] Ibid

130	15	Apr	2005	歐洲議會以 431 票對 85 票，通過決議反對取消對中國的武器禁運[44]。
131	15	Apr		歐盟外長非正式會議專門就「解禁」問題展開少有長達 2 個多小時的激烈辯論。
132		Apr		德國總理施若德於國會表示：「我過去和現在始終認為，歐盟對中武器禁運是一個明顯過時的決定，繼續維持禁運沒有必要」。
133	11	May		部長級會議，北京舉行。
134	20	May		英國外長史卓（Jack Straw）說，中國人權狀況沒有進步，再加上通過「反分裂法」，解除武禁的進程變得「更加困難」[45]。
135	25	May		美國國會通過 2006 年的《國防授權法案》，要求行政部門施壓歐盟以維持武禁；阻止外國國防承包商向中國出售敏感軍事用途的技術或武器系統；政府應當向國會相關委員會提供關於外國尤其是俄羅斯和以色列向中國出售軍品的性能和範圍的綜合年度報告[46]。
136	29	May		法國就《歐盟憲法條約》舉行的全民公投，55.96%的選民投了反對票，法國成為 25 個歐盟成員國中第一個否決《歐盟憲法條約》的國家。
137	1	Jun		超過六成荷蘭人公投中說「不」，明確表達反對《歐盟憲法條約》。
138	13	Jun		歐盟外長理事會正式作出決定，擱置原定 6 月底取消武禁的計畫，並表示不在該問題上設新的時間表。
139	14	Jun		中國外交部發言人劉建超表示：關於歐盟解除對華軍售禁令問題，歐盟是有政治承諾的。歐盟也清楚中國在有關問題上的立場。中方要求解除對華軍售禁令是著眼於消除歐盟對中國的政治歧視，為中歐雙邊關係的正常發展掃除政治障礙，並不是著眼於從歐盟進口武器。中國

---

[44] Ibid.

[45] Kristin Archick, Richard F. Grimmett, and Shirley Kan, "European Union's Arms Embargo on China: Implications and Options for U.S. Policy", *Congressional Research Service* (27 May 2005), p. CRS-7

[46] 張金翠，「歐盟解除對華軍售禁令再探討」，《蘭州學刊》第 7 期總第 166 期，(July 2007), p.53。

				和歐盟是戰略合作夥伴，我們希望能與歐盟在平等和相互尊重的基礎上發展關係。我們再次要求歐盟真正履行其政治承諾，儘快解除對華軍售禁令。
140	29	Jun	2005	美國國際關係委員會主席共和黨眾議院議員亨利‧海德（Henry J. Hyde）提出《2005 年東亞安全法案》，希望通過國內立法過程，顯示美國對歐盟解禁問題的強硬姿態，同時為未來歐洲國家向中國出售武器系統採取制裁行動提供法律依據[47]。
141	7	Jul		胡錦濤下午在英國蘇格蘭與法國總統席拉克會晤時，希望法方繼續發揮積極影響，推動歐盟早日解除對華軍售禁令[48]。
142	14-18	Jul		執委會主席巴羅佐（José Manuel Durão Barroso）訪問中國。
143	20	Jul		美國眾議院將修訂過的《東亞安全法案》併入《2007 財年對外關係授權法案》過關。該提案要求美國總統密切關注國際上向中國出售武器的公司以及支持交易的政府；每年向參議院提交年度報告，寫明所有出售武器給中國的國際公司，以及那些與美國合作研發武器裝備，但同時又允售中國武器的歐盟成員國；多次對中軍售的公司和政府若要在以後獲得美國的敏感武器技術，必須申請出口許可證，並接受美國國會的審查。另外，根據該法案，美國公司如果要出口中國的產品最終被用作軍事用途，也會受到懲罰[49]。
144	1	Sep		中國外交部發言人秦剛：我們反對把人權問題同解禁問題掛鉤，也反對第三方無端阻撓歐盟解禁進程。在解禁問題上，歐盟方面是作出過承諾的，我們希望歐方儘早履行承諾。這是中歐關係發展的需要。
145	5	Sep		第八屆中歐峰會於北京召開。

---

[47] Ibid., p.53

[48] 《胡錦濤主席會見法國總統希拉克》，中華人民共和國駐法蘭西共和國大使館（8 Jul 2005），http://www.amb-chine.fr/chn/zfgx/zzgx/t204481.htm (29 Aug 2009)

[49] ──，「歐盟解除對華軍售禁令再探討」，《蘭州學刊》第 7 期總第 166 期，（July 2007）。

146	16	Sep	2005	日本外務大臣町村信孝（Nobutaka Machimura）與法國外長會晤時，對法國推動歐盟解除武禁再度表示抗議[50]。
147	24	Sep		法國國防部長艾利歐馬利女士（Michèle Alliot-Marie）在英國金融時報刊出的專訪中提出一種頗為另類的說法，她表示：法國支持歐盟解除對中國的武器禁運，是因為中國如果可以買到所需要的先進武器，就不會自己研發製造這些武器的技術。對歐盟國家而言，將是更好的保護。
148	25-27	Oct		人權對話，北京舉行。
149		Nov		胡錦濤到訪德國前三天，由梅克爾所領導的聯盟黨表明反對歐盟解禁，並以中國的人權紀錄仍差，以及台海危機仍舊存在為由，認為解除武禁將不利東亞的和平。
150	4	Nov		中歐聯合委員會會議，布魯塞爾舉行。
151	8-15	Nov		在中國與歐盟建交三十週年之際，中國國家主席胡錦濤訪問英國、德國與西班牙等三國。在訪問西班牙期間，中西雙方發表了自 1973 年建交以來首份聯合公報，並將兩國關係也提升為全面戰略夥伴關係，與英德兩國的位階相同。此乃意味著兩國關係進入了一個新的發展階段，也為兩國經濟技術合作的發展進一步創造了條件。在有關中國人權的問題上，西班牙政府表示其立場與歐盟一致，同時也會努力解除歐盟對華的武器禁運。
152	20	Dec		第一屆中歐戰略對話，英國倫敦舉行。
153	3	Feb	2006	部長級會議，維也納舉行。
154	27	Mar		政治主管會議，北京舉行。
155	6	Apr		區域主管會議，布魯塞爾舉行。
156	23	May		德國總理梅克爾就任後首次訪問中國，要求中國保護智慧財產權、保障人權，但對於解除武器禁運及承認中國完全市場經濟地位絕口不提。
157	25-26	May		人權對話，維也納舉行。
158	6	Jun		第二屆中歐戰略對話。
159	7	Sep		歐洲議會法史特拉斯堡大會以 351 票贊成、48 票反對、

---

[50] Ibid., p.53

				160 票棄權的投票結果通過提案，指責中國的人權狀況，要求歐盟維持武器禁運直到人權明顯改善。
160	9	Sep	2006	第九屆中歐峰會在芬蘭首都赫爾辛基舉行。中國重申解除武器禁運將有助於歐盟與中國之間的健全發展，並極力主張歐盟早日解除禁運；歐盟方面則認定此問題的重要性，並再次確認對解除禁運的意願，但必須以 2004 年中歐峰會宣言，及歐盟高峰會的後續結論為基礎。
161		Sep		義大利總理普羅迪（Romano Prodi）訪問中國時，聲稱將促歐盟解除對中國的武器禁運。
162		Sep		德國總理梅克爾在與訪問柏林的溫家寶會談後的記者會上表示，解除對中國的武器禁運目前不在歐盟的議程上，她也不清楚未來會不會排入議程。
163	11	Oct		「中歐科技年」在布魯塞爾正式啟動。
164	19	Oct		人權對話，北京舉行。
165	24	Oct		歐盟公布對中國政策文件《歐盟與中國：更緊密的夥伴、承擔更多責任》。
166	7	Nov		中歐聯合委員會會議，北京舉行。
167	21	Nov		日本首相安倍晉三（Shinzo Abe）在東京與來訪的丹麥首相拉斯穆森（Anders Fogh Rasmussen）會晤。安倍希望丹麥密切關注中國的軍費開支，並再次表示日本反對歐盟解除對中武器禁運。
168	11	Dec		歐盟外長會議重申，將以 2004 年 12 月份歐盟首腦會議的相關精神為基礎，願意繼續推動解除對華軍售禁令。
169	16	Dec		中國外交部發言人秦剛就歐盟外長理事會通過關於中歐全面戰略夥伴關係的結論文件表示：中方對理事會結論和歐盟對華政策文件中的積極因素表示歡迎，我們願與歐方一道始終正確把握中歐關係的大局，以建設性態度推動中歐全面戰略夥伴關係不斷向前發展。
170	16-18	Jan	2007	歐盟執委會對外關係委員瓦爾德納（Benita Ferrero-Waldner）訪北京，啟動《中歐伙伴關係協定》（PCA, EU-China Partnership and Cooperation Agreement）談判。
171		Feb		民主進步黨開始規劃提出「以台灣名義加入聯合國」全國性公民投票案，在 2008 年 3 月 22 日舉行總統大選時合併公民投票，簡稱「入聯公投」。

172	5	Mar	2007	區域主管會議，北京舉行。
173	8	May		政治主管會議，布魯塞爾舉行。
174	15-16	May		人權對話，德國柏林舉行。
175	11-12	Jun		中歐聯合委員會會議，布魯塞爾舉行。
176	22	Jun		第一屆中歐公民社會圓桌會議，北京舉行。
177	17-18	Oct		人權對話，北京舉行。
178	25	Oct		第三屆中歐戰略對話，里斯本舉行。
179	14	Nov		第二屆中歐公民社會圓桌會議，布魯塞爾舉行。
180	25-27	Nov		法國總統薩科齊當選後，首次至中國國事訪問，私底下告訴中國政府官員法國希望結束武禁。
181	28	Nov		第十屆中歐峰會在北京舉行。
182	13	Dec		歐聯 27 國領袖簽署「簡化版歐盟憲法」的《里斯本條約》。
183	11	Mar	2008	區域主管會議，布魯塞爾舉行。
184	23	Apr		日本首相福田康夫（Yasuo Fukuda）於日本和歐盟年度會議時，要求歐盟慎重處理對中國解除武器禁運的問題[51]。
185	24-25	Apr		執委會主席巴羅佐訪問北京。
186	25	Apr		第一屆中歐高層經貿對話，北京舉行。
187	15	May		政治主管會議，北京舉行。
188	15	May		人權對話，斯洛文尼亞波爾多（Brdo）舉行。
189	9	Jun		中歐部長級會議，斯洛文尼亞盧布爾雅那（Ljubljana）舉行。
190	11	Jun		歐盟執委會主席巴羅佐在布魯塞爾會見中國外交部長楊潔篪。
191	23-26	Jun		第三屆中歐公民社會圓桌會議，北京舉行。
192	24-25	Sep		中歐聯合委員會會議，布魯塞爾舉行。
193	6-7	Nov		第四屆中歐公民社會圓桌會議，法國巴黎舉行。
194	28	Nov		人權對話，北京舉行。
195	19	Jan	2009	第四屆中歐戰略對話，北京舉行。

[51] 中評社香港，「日本要求慎重處理對華武器禁運，歐盟未理會」，中國評論新聞（24 Apr 2008），http://www.chinareviewnews.com/doc/1006/2/7/9/100627943.html?coluid=7&kindid=0&docid=100627943 (9 Apr 2011)

196	30	Jan		溫家寶總理訪問布魯塞爾。
197		Feb	2009	2009 年 2 月，日本防衛大臣濱田靖一（Yasukazu Hamada）在慕尼黑說：「中國軍力發展前景不明，我們擔心中國軍事費用的增加和軍隊活動日趨活躍，因此反對歐盟解除對中武器禁運」[52]。
198	29-30	Mar		執委會委員瓦爾德納（Benita Ferrero-Waldner）訪問中國。
199	7-8	May		第二屆中歐高層經貿對話，布魯塞爾舉行。
200	14	May		人權對話，布拉格舉行。
201	18-19	May		第五屆中歐公民社會圓桌會議，天津舉行。
202	20	May		第十一屆中歐峰會在捷克布拉格舉行。
203	27	May		部長級會議，柬埔寨舉行。
204	9	Jul		英國商務大臣彼得‧曼德爾森（Peter Mandelson）在國會發言，提出歐盟應另謀他法取代對中武器禁運。
205	8	Sep		英國商務大臣曼德爾森在北京中央黨校演講，被學生問及有關解除歐盟對中國的售武禁運問題時強調，中國必須關切人權問題，如果要歐洲聯盟修正或是作出有助於解除武器禁運的意見，那麼中國必須在改善政治權利以及言論自由方面和歐盟進行對話。曼德爾森強調，因為這些問題不可避免會是歐洲聯盟各界關切的事情[53]。
206	28	Oct		第六屆中歐公民社會圓桌會議，瑞典斯德哥爾摩舉行。
207		Oct		歐盟解除烏茲別克（Uzbekistan）武器禁運。
208	13	Nov		捷克批准《里斯本條約》，成為最後一個批准該約的歐盟國家。
209	18	Nov		政治主管會議，瑞典斯德哥爾摩舉行。
210	20	Nov		人權對話，北京舉行。
211	29	Nov		部長級會議，南京舉行。

---

[52] 黃曉南，「日本遊說對華武器禁運，歐盟冷淡回應」，Ibid.(08 Feb 2009), http://www.chinareviewnews.com/doc/1008/8/0/9/100880942.html?coluid=7&kindid=0&docid=100880942

[53] 自由亞洲電台粵語，「英國商務大臣：歐盟解除武器禁運，中國先要改善人權」，*自由亞洲電台粵語*（9 Sep 2009），http://www.rfa.org/cantonese/news/uk_china-09092009113859.html?encoding=simplified.

212	30	Nov	2009	第十二屆中歐峰會在南京舉行。
213	1	Dec		《里斯本條約》生效施行。
214	17	Dec		第五屆中歐戰略對話，瑞典斯德哥爾摩舉行。
215	21	Jan	2010	西班牙駐北京大使卡羅斯（Carlos Blasco Villa）接受 China Daily 採訪時說：西班牙將呼籲歐盟成員國重新檢討解除對中武禁案[54]。
216	28	Jan		「歐盟外長」艾希頓（Catherine Ashton）與中國外交部長楊潔篪於倫敦阿富汗會議會晤。
217	24-27	Feb		《中歐伙伴關係協定》談判，北京舉行。
218	16	Mar		區域主管會議，布魯塞爾舉行。
219	12	Apr		「歐盟總統」範龍佩（Herman Van Rompuy）於華府核子安全高峰會時會晤胡錦濤
220	6	May		慶祝建立外交關係 35 週年。
221	21	May		第 24 屆中歐聯合委員會會議。
222	29	Jun		中華民國及中華人民共和國政府在中國大陸重慶簽訂「海峽兩岸經濟合作架構協議」，又稱「海峽兩岸經濟合作框架協議」（ECFA, Economic Cooperation Framework Agreement）。
223	29	Jun		第 29 屆人權對話
224		Jul		德國總理梅克爾訪問中國並於中共中央黨校舉行座談，回答歐盟對中武器禁運提問時，表示須與人權連結。
225	29	Aug		「歐盟外長」艾希頓訪問中國。
226	1	Sep		首次中歐高層戰略對話於貴陽舉行，「歐盟外長」艾希頓與國務委員戴秉國共同主持。
227	14	Sep		《中歐伙伴關係協定》談判，布魯塞爾舉行。
228	5	Oct		正在歐洲訪問的溫家寶突訪德國，並與德國總理梅克爾舉行會晤。雙方在會晤後發表的聯合聲明稱，德國願意推動歐盟承認中國的市場經濟地位。
229	6	Oct		第十三屆中歐峰會在布魯塞爾舉行。

整　理：梁正綱
製表時間：8 May 2011

---

[54] Gerrard Cowan, "Spain looks to end EU's arms embargo on China", *"JDW, Jane's Defence Weekly"* (3 Feb 2010)

附錄四　**Abstract**

The European Union (EU) arms embargo on China after Tiananmen Square Protests of 1989 is the longest sanction in European history. As of 2010, it had lasted more than 20 years.

Between 2003 and 2005, discussions on lifting the embargo were heated not only within the EU but also across the Atlantic. In spite of the "decision" taken in December 2004 to work towards the lifting within six months, the EU eventually made a "non-decision" on the lifting in June 2005. Since then, the debate of lifting the arms embargo on China is in a state of defacto freeze. Several factors are responsible for the EU's hesitation, including strong U.S. objections, China's poor human rights record and the unpopular "Anti-Secession Law" ratified in March 2005.

Although China and the EU agreed to upgrade their bilateral relations toward strategic partnership in 2003, the arms embargo remains an apparent obstacle waiting to be removed. It indicates that the strategic partnership between China and the EU is incomplete and immature.

This study aims to provide a review of post cold-war Sino-European relations, EU policy-making, and entanglement of Chine-EU-US interests by examining the "latitudes and longitudes" of EU arms embargo on China--- backgrounds, phases of development and future outlooks as the latitudes, and the analysis of the characteristics of EU's embargo, different party's positions, pro and con opinions as the longitudes.

This study analyzes 1) the nature of EU arms embargo on China: the commonality, uniquesness, and complexity as compared with similiar embargoes on other countries; 2) the prioritization of different factors in EU foreign policies: human rights, trade and economic cooperation, and security; and 3) the development of the embargo from 1989 to 2010, which, based on the attention received, could be seen in three phases, charaterized as being quiet, turbulent and frozen. This study concludes on how effective Taiwan's efforts are and strategies could be adopted in the future.

社會科學類　PF0070

貶值的籌碼：歐盟對中國武器禁運

作　　者 / 梁正綱
責任編輯 / 林世玲
圖文排版 / 陳宛鈴
封面設計 / 陳佩蓉

發 行 人 / 宋政坤
法律顧問 / 毛國樑　律師
印製出版 / 秀威資訊科技股份有限公司
　　　　　114 台北市內湖區瑞光路 76 巷 65 號 1 樓
　　　　　電話：+886-2-2796-3638　傳真：+886-2-2796-1377
　　　　　http://www.showwe.com.tw
劃撥帳號 / 19563868　戶名：秀威資訊科技股份有限公司
　　　　　讀者服務信箱：service@showwe.com.tw
展售門市 / 國家書店（松江門市）
　　　　　104 台北市中山區松江路 209 號 1 樓
　　　　　電話：+886-2-2518-0207　傳真：+886-2-2518-0778
網路訂購 / 秀威網路書店：http://www.bodbooks.com.tw
　　　　　國家網路書店：http://www.govbooks.com.tw
圖書經銷 / 紅螞蟻圖書有限公司
　　　　　114 台北市內湖區舊宗路二段 121 巷 28、32 號 4 樓
　　　　　電話：+886-2-2795-3656　傳真：+886-2-2795-4100

2011 年 12 月 BOD 一版
定價：280 元

國家圖書館出版品預行編目

貶值的籌碼：歐盟對中國武器禁運 / 梁正綱著.
-- 一版. -- 臺北市：秀威資訊科技, 2011. 12
　　面；　公分. -- (社會科學類；PF0070)
BOD 版
ISBN 978-986-221-872-3(平裝)

1. 歐洲聯盟　2. 軍售政策　3. 國際關係
4. 中國

578.1642　　　　　　　　　　　　100022146

讀者回函卡

感謝您購買本書，為提升服務品質，請填妥以下資料，將讀者回函卡直接寄回或傳真本公司，收到您的寶貴意見後，我們會收藏記錄及檢討，謝謝！如您需要了解本公司最新出版書目、購書優惠或企劃活動，歡迎您上網查詢或下載相關資料：http:// www.showwe.com.tw

您購買的書名：＿＿＿＿＿＿＿＿＿＿＿＿＿＿＿＿＿＿＿＿＿＿＿

出生日期：＿＿＿＿＿年＿＿＿＿＿月＿＿＿＿＿日

學歷：□高中 (含) 以下　　□大專　　□研究所 (含) 以上

職業：□製造業　□金融業　□資訊業　□軍警　□傳播業　□自由業
　　　□服務業　□公務員　□教職　　□學生　□家管．　□其它＿＿＿

購書地點：□網路書店　□實體書店　□書展　□郵購　□贈閱　□其他

您從何得知本書的消息？

　□網路書店　□實體書店　□網路搜尋　□電子報　□書訊　□雜誌

　□傳播媒體　□親友推薦　□網站推薦　□部落格　□其他＿＿＿＿＿

您對本書的評價：（請填代號　1.非常滿意　2.滿意　3.尚可　4.再改進）

　封面設計＿＿＿　版面編排＿＿＿　內容＿＿＿　文／譯筆＿＿＿　價格＿＿＿

讀完書後您覺得：

　□很有收穫　□有收穫　□收穫不多　□沒收穫

對我們的建議：＿＿＿＿＿＿＿＿＿＿＿＿＿＿＿＿＿＿＿＿＿＿＿

＿＿＿＿＿＿＿＿＿＿＿＿＿＿＿＿＿＿＿＿＿＿＿＿＿＿＿＿＿＿＿

＿＿＿＿＿＿＿＿＿＿＿＿＿＿＿＿＿＿＿＿＿＿＿＿＿＿＿＿＿＿＿

＿＿＿＿＿＿＿＿＿＿＿＿＿＿＿＿＿＿＿＿＿＿＿＿＿＿＿＿＿＿＿

11466
台北市內湖區瑞光路 76 巷 65 號 1 樓

秀威資訊科技股份有限公司　　　收

BOD 數位出版事業部

....

（請沿線對折寄回，謝謝！）

姓　　名：＿＿＿＿＿＿＿＿＿　年齡：＿＿＿＿　性別：□女　□男

郵遞區號：□□□□□

地　　址：＿＿＿＿＿＿＿＿＿＿＿＿＿＿＿＿＿＿＿＿＿＿＿

聯絡電話：(日) ＿＿＿＿＿＿＿＿＿　(夜) ＿＿＿＿＿＿＿＿＿

E-mail：＿＿＿＿＿＿＿＿＿＿＿＿＿＿＿＿＿＿＿＿＿＿＿